财务管理与会计实践创新研究

李明慧　著

中国原子能出版社
China Atomic Energy Press

图书在版编目（CIP）数据

财务管理与会计实践创新研究 / 李明慧著 . -- 北京：
中国原子能出版社，2022.6
ISBN 978-7-5221-1978-6

Ⅰ . ①财… Ⅱ . ①李… Ⅲ . ①财务管理 – 研究 ②财务
会计 – 研究 Ⅳ . ① F275 ② F234.4

中国版本图书馆 CIP 数据核字 (2022) 第 112392 号

内容简介

本书属于财务管理与会计实践方面的著作，由七部分组成：包括财务管理概述、会计工作概述、现金管理与成本管理、营运资金管理与筹资管理、投资管理、税务管理以及新经济时代财会工作创新。全书以财务管理与会计实践创新为研究对象，围绕财务管理和会计实践所涉及的要素、内容、原则、目标以及方法等方面进行深入地分析和探讨，最后在新经济时代背景下讨论了财会工作创新所遇到的挑战和其发展路径，本书对财务管理和会计实践研究及相关从业人员有学习及参考价值。

财务管理与会计实践创新研究

出版发行	中国原子能出版社（北京市海淀区阜成路 43 号　100048）
责任编辑	王齐飞
装帧设计	河北优盛文化传播有限公司
责任校对	宋　巍
责任印制	赵　明
印　　刷	河北文盛印刷有限公司
开　　本	710 mm×1000 mm　1/16
印　　张	11.75
字　　数	210 千字
版　　次	2022 年 6 月第 1 版　　2022 年 8 月第 1 次印刷
书　　号	ISBN 978-7-5221-1978-6
定　　价	62.00 元

前言

社会中占主导地位的产业形态的不同，决定了社会经济形态的不同。新经济是一种新的经济形态，在不同的历史发展阶段，具有不同的内涵。当前新经济是指创新性知识占主导、创意产业成为龙头产业的智慧型经济形态。在新经济发展中，信息技术革命发挥了巨大作用，制度的创新推动了社会经济的大发展。在这样的历史大背景中，企业采取何种措施加以应对成了需要认真思考的问题，而企业中的财务管理与会计工作是企业生存发展过程中的关键环节。科学、合理、有效的财务管理以及精准高效的会计工作，有助于企业在新经济时代中有条不紊地向前发展，获得更大的利益，同时创造更大的社会价值。

本书针对企业财务管理与会计实践创新，用七章内容进行详细阐述。

第一章主要阐述财务管理的概念、财务管理的目标、财务管理的环节以及财务管理的环境这四方面内容。第二章主要解析会计工作的定义、会计工作的内容、会计工作的要素、会计工作的原则四部分内容，使读者对会计工作形成一个整体认识。第三章对现金管理与成本管理的相关内容进行了详细阐述，其中包括现金管理与成本管理概述、现金管理的内容、现金管理的模式、成本管理的原则以及成本管理的路径五方面内容。第四章针对企业营运资金管理和筹资管理作详细的介绍，其中涉及营运资金管理与筹资管理概述、营运资金管理的应用、筹资管理的发展现状以及企业融资方式的选择相关内容。第五章针对投资管理的内容，分别从投资管理概述、投资管理的要素、投资管理的发展以及投资管理的路径四个方面进行重点介绍。第六章涉及税务管理相关内容，主要介绍税务管理的概念、筹资税务管理、投资税务管理、营运税务管理以及税务风险管理五个方面的内容。

第七章综合介绍了新经济时代财会工作实践创新方面的内容，其中包括财会工作概述、财务管理的实践创新路径、会计管理体制的实践创新路径、财务管理创新与会计实践发展的融合、新经济时代财会工作实践面临的挑战以及新经济时代财会实践工作创新发展路径的相关内容。

　　本书内容丰富，结构严谨，逻辑严密，语言深入浅出，系统地介绍了企业财务管理与会计实践创新的相关内容，对财务和会计相关从业人员具有一定的学习和参考价值。

目录

第一章 财务管理

本章财务管理主要包含四节内容：财务管理概述、财务管理的目标、财务管理的环节以及财务管理的环境。

第一节 财务管理概述

财务，简单来说，就是理财的相关事务，指的是机关、企事业单位或其他社会经济组织的资金及其活动。财务管理，是企业组织财务活动、处理财务关系的一项经济管理工作[①]。从企业管理层面上说，财务管理是现代企业管理的一个组成部分，指根据国家的财经制度和有关政策法令，企业组织财务活动、处理财务关系的一种经济管理工作。因此，分析财务活动和财务关系是理解财务管理基本概念的重要角度。

一、财务管理的前提

（一）企业财务活动

企业的财务活动主要是针对资金的一系列经济活动，包括筹资活动、投资活动、资金营运活动和分配活动四个方面，如图1-1所示。包括资金的筹集、投资、资金的营运使用以及资金的分配。

下文将针对企业财务活动的四种形式进行详细阐述。

[①] 张晓成. 管理者之道[M]. 北京：企业管理出版社，2020：1.

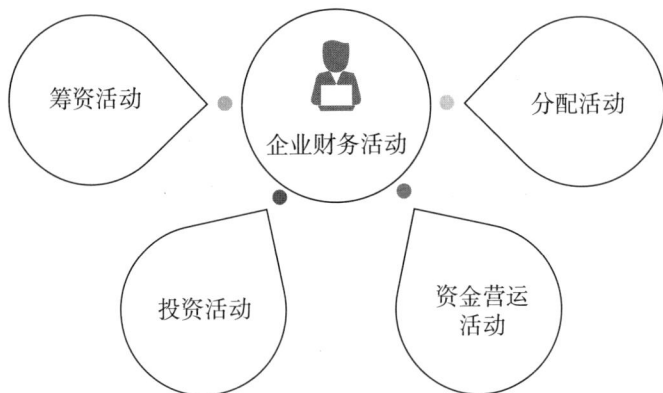

图 1-1　企业财务活动分类图

1. 筹资活动

企业的一切生产经营活动都离不开资金。企业要通过各种渠道或方式筹集生产经营所需的资金，这是一家企业经营活动的起点。筹资活动指的是企业为了满足投资和使用资金的需要，筹措和集中资金的活动。在筹资过程中，企业首先要确定生产经营所需资金的总体金额。其次，要选择适合的筹资工具或方式，确定筹资的结构组成，以最大限度地降低筹资风险和筹资成本，切忌片面追求筹资总金额。因为如果不全面考虑筹资的风险和成本，那么后期企业在经营过程中就会面临巨大的风险。

企业的筹资有两种资金来源：一方面是企业的自有资金。它是指企业可以直接向投资者募集资金，或者通过发行股票、企业内部留存收益等方式来取得相应的资金，其投资者可以是国家、法人，也可以是个人；另一种是企业债务资金。它指的是企业通过发行债券、向银行借款或支付应付款项等方式来获取。企业筹集资金属于企业资金流入的范畴；企业支付利息和股利、偿还借款以及支付各种筹资费用等，都属于企业资金流出的范畴。这种由资金筹集所带来的资金流入和流出，是从筹资开始的企业财务活动，也是企业财务管理中的重要环节。筹资是企业接下来一切经营活动的根基，就像人体内的血液一样，当身体内的血液含量降低时，身体就没有了能量来源，也就不能正常地生活和运动了。因此，除了自身造血之外，有时还需要补充外界的新鲜血源。

2. 投资活动

企业在资金到位前，要制定投资的具体规划，因为资金每空置一天，就会浪费一天资金的使用成本，增加不必要的债务负担。因此，企业在拿到资金后，必须马上将其投入应用，以期获得最大的经济收益，否则筹资就失去其原本的价值和意义。企业投资从宏观上可分为广义投资和狭义投资两种类型。广义上的投资，简单来说，就是企业投入使用筹集来的资金，包括企业对内投资和对外投资。其中，企业对内投资又主要包括购置固定资产、无形资产和流动资产，即企业自身生产发展所需的一切有形的和无形的生产资料[①]。而对外投资包括与其他企业联合经营、购买其他企业的债券或股票等，这是企业为了扩大自身的生产规模、经营范围，提升市场占有率的一种快捷有效的方式。狭义上的投资就是指对外投资。不管企业是对内购买自身生产经营所需的生产资料，还是对外购买外部企业的债券或股票，都属于资金的支出；相反，企业出售内部各种有形或无形的资产或生产资料，或者回收对外的投资，都属于资金的收入。企业因投资活动而产生的资金的支出和收入活动，都是因投资而发生的财务活动。

除此之外，企业在投资活动中，必须充分考虑投资规模大小的问题，即在什么样的投资规模下，企业可以获得最大的收益。投资规模如果过大，可能会降低企业自身的资金流动性，影响企业的良性运转，也容易让企业的管理跟不上投资的速度，造成发展和管控的脱节，出现揠苗助长现象；投资规模如果过小，就会失去投资的意义，减慢企业发展的速度，甚至可能失去在市场上的竞争力和难得的发展机遇。因此，投资的规模需要把握一个合理的度。这需要企业在投资前，做大量的前期调研和数据分析，并综合考量自身发展情况，审慎制定投资决策，切忌盲目草率，只追求速度和眼前利益。

3. 资金营运活动

企业在日常的生产经营活动中，会出现一系列资金的支出和流入。

首先，企业要开展生产和销售活动，就要采购生产资料，还需正常、按时支付企业员工工资和社保、办公场所或厂房租金、水电气暖费、物业费、生产资料管理和损耗费用以及其他营业性费用等。此外，在销售产品或服务时，对外的宣传推广费用也占有一定的比重。

其次，企业把商品、产品或服务售出后，可获得收入，从而收回资金。与此同时，企业投资其他企业的股票和债券定期获得的收益也是资金收益的组成部分。

最后，当企业现有资金不足以支撑企业的生产经营活动时，需要以短期或长期的借款方式来筹措资金。

---

① 黄娟. 财务管理 [M]. 重庆：重庆大学出版社，2018：2.

以上三个方面都是企业在生产经营过程中产生的资金支出和流入，都属于企业因经营活动而引发的财务活动，也就是所谓的资金营运活动。其中，企业的营运资金主要是用来满足企业日常经营活动所需而提前垫付的资金。

营运资金的周转与生产活动的经营周期有着密切的关系，它们之间通常具有一致性。在一定阶段内，资金周转的快慢直接影响着企业利润的高低。资金周转周期越短，利用相同数量的资金生产的产品或服务就越多，获得的收入就越多，为企业赚取利润就越高。相反，资金周转周期越长，利用相同数量的资金生产出的产品或服务就越少，获得的收入也就越少，利润自然也就越低，企业整体的运营成本也就越高。因此，尽可能地缩短资金周转周期，提高资金使用率，是企业财务管理的一项重要内容。

4. 分配活动

利润分配是指将可供分配的利润按照规定的分配顺序，在企业与投资之间进行的划分[①]。企业通过投资活动或是资金营运活动获取相应的收益，实现投资资金的增值。企业所取得的利润是在投资的收益中扣除生产经营成本之后所剩余的资金。广义的分配活动是对投资收入或是销售收入，以及利润进行拆分和重新再分配的过程；狭义的分配活动指对利润的再分配。

具体来说，企业的营业利润是企业通过投资所得的收入或是销售收入，除去生产经营性成本、支付流转税后所余下的资金部分。企业的总利润是由营业利润、营业外收支净额和投资净收益等构成的。剩余利润要作为投资者的投资分红分配给投资者，此外，企业也可以留存起来或者作为投资者继续追加投资的资金。企业的筹资可以分为两个方面，即所有者的权益和负债。在对这两种资金进行报酬分配时，所有者的权益是通过利润的形式进行分配的，属于税后分配；所有者的负债是通过将利息等计入成本费用的形式进行分配的，属于税前分配。

在资金的分配中，不管是资金的留存还是资金的使用，对企业未来的发展都有着至关重要的影响。在合理合规的范围内，如何科学地确定分配规模以及选择分配方式，使企业长期利益最大化，是财务管理中一项很重要的内容。

以上所介绍的财务活动的四个方面，它们之间并非相互独立、互不相关的，而是有着密不可分的关联性，是一个统一体。它们共同构成了完整的企业财务活动，同时也是财务管理中最基本的内容。

---

① 唐飞. 现代企业管理 [M]. 徐州：中国矿业大学出版社，2017：367.

（二）企业财务关系

企业在日常的生产经营过程中，都是以自身为主体实施并展开的。企业作为法人，不可避免地会与其他行政管理机构、债权人、债务人以及内部员工等产生一系列与利益相关的联系，这就是企业财务关系。企业财务关系包括七个方面的内容，如图1-2所示。

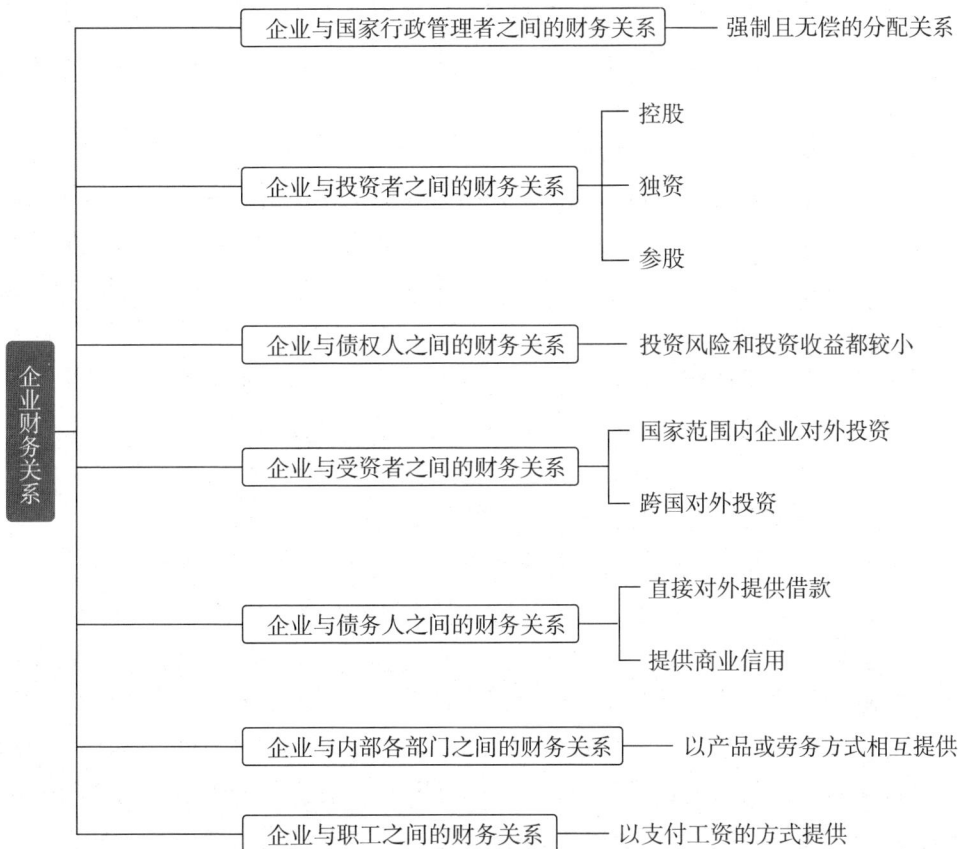

图 1-2　企业财务关系图

实际上，企业的财务关系就是与企业吸收、使用、管理以及分配资金相关的利益各方之间的关系，包括企业外部的国家行政管理者、投资者、债权人、受资者和债务人，以及企业内部的各部门和企业职工。

1.企业与国家行政管理者之间的财务关系

国家行政机关因为担负着维护社会秩序、保卫国家安全的责任，并且负责组织、管理、协调社会事务，所以应该无偿地分配企业利润；企业则应按照税法规定，缴纳各种税款，如所得税、流转税和计入成本的税金。国家行政管理者与企业的关系是一种强制且无偿的分配关系。

2. 企业与投资者之间的财务关系

企业和投资者构成的财务关系是投资者向企业投入资金，投资者拥有企业所有权的关系。其中，投资者可以是个人投资者或法人，也可以是政府机关或事业单位。投资者可以通过控股或参股等方式对企业进行投资。企业与投资者在资金层面上，企业要独立自主地进行生产，而投资者可以拿到定期的收益，企业也要最大程度上维护投资者的利益。

3. 企业与债权人之间的财务关系

企业与债权人之间的财务关系，是指企业向债权人借取资金，以合同的形式注明约定的利息、还款时间、本金归还等内容所形成的财务关系。通常的债权人包括企业法人、银行等金融机构以及个人。企业通常将所借资金用来维持自身经营活动，扩大企业规模，以降低企业的生产成本。企业同债权人的关系，在本质上属于债权与债务的关系。因此，债权人与投资者不同，债权人既没有投资者享有的对企业利润的分配权，也不参与企业的经营管理，更没有对企业重大事项的表决权，但在企业破产时，债权人可享有优先求偿权。综上所述，债权人的投资风险相对较小，投资收益也相对较少。

4. 企业与受资者之间的财务关系

企业与受资者之间的财务关系，指的是企业通过购买股票或是以直接投资的方式，向其他企业投资所形成的关系。随着社会的发展及市场经济的不断推进，企业的经营范围和规模也在不断扩大，其与受资者形成的关系也越来越广泛，有国家范围内企业的对外投资，也有跨国的对外投资。另外，近年来，涌现出越来越多的跨行业、跨领域投资，如手机业巨头们纷纷进军新能源汽车领域。企业与受资者的财务关系，从本质上看，是投资与受资的关系。企业向其他企业投资，依据投资份额的大小，分为独资、控股和参股，并根据所持股份的比例，在受资方企业的经营管理中享有相应比例的决定权，参与重大事务的决策，参与企业利润的分配。由于企业在经营管理过程中，会面临很多政策、市场、客户、自身管理等不确定问题，因此，投资一家企业存在着很大的风险，这是企业在投资前需要慎重考虑的问题。

5. 企业与债务人之间的财务关系

企业与债务人之间的财务关系，指的是企业通过购买政府或是其他企业的债券，对外直接提供借款或是提供商业信用等方式，将资金提供给其他单位所形成的财务关系。企业将资金借出后，可以按照合同约定收取利息以及回收本金。企业同其他债务人的关系体现为债权与债务之间的关系。企业在提供信用的过程中，一方面会产生直接的信用收入，另一方面，也承担着相应的机会成本和坏账损失的风险。需要说明的是，一定的资金提供给一家企业用于生产，就不能提供给另一家企业用于生产，放弃的另一些产品生产的最大收益就是机会成本。这就要求企业必须谨慎选择经营状况良好的、有一定发展成熟度的，并且具有一定行业竞争力的企业。同时，这也是在降低投资资金的使用风险，避免坏账的情况发生。

6. 企业与内部各部门之间的财务关系

企业与内部各部门之间的财务关系主要是指在企业内部，相互提供产品或劳务的方式所形成的财务关系。企业在内部实行责任预算与责任考核或评价制度的情况下，企业各部门间相互提供产品或劳务，并以内部价格进行核算。这种在企业内部形成的资金结算和交流的关系，也是企业需要处理和平衡的利益问题。处理好企业内部的财务关系，可以使企业顺利且高效地运转，使有限的资源得到充分的利用。

7. 企业与职工之间的财务关系

企业与职工之间所形成的财务关系是指企业雇佣职工为其工作，为职工发放工资和提供福利待遇等，在这一过程中所形成的财务关系。职工通过自己的脑力或是体力劳动来挣取报酬，体现了在劳动成果上企业对职工的分配关系。

三、财务管理的内容

财务管理是基于企业再生产过程中客观存在的财务活动和财务关系而产生的，是企业组织财务活动、处理与各方财务关系的一项经济管理工作。企业筹资、投资和利润分配构成了完整的企业财务活动，与此相对应，企业筹资管理、投资管理和利润分配管理便成为企业财务管理的基本内容。

（一）筹资管理

企业筹资是指企业作为筹资主体根据其生产经营、对外投资和调整资本结构等需要，通过筹资渠道和金融市场，运用筹资方式，有效地筹措和集中资本的活动[①]。筹资管理是企业财务管理的重要内容，是企业投资活动的基础。在企业发展过程中，筹资及筹资管理贯穿于企业经营管理的全过程。不论企业处

---

① 陈德智，毕雅丽，云娇.金融经济与财务管理［M］.长春：吉林人民出版社，2020：88.

于什么阶段，是创立之初、发展壮大期还是成熟平稳期，都会涉及筹资活动。在筹资的过程中，首先要确定筹资的总规模，以保证资金的充足，但要适量。因为筹资过多会给企业带来额外的财务压力，筹资过少则会影响企业的发展速度，或是错过发展时机。其次，企业要根据自身的财务状况选择适宜的筹资方式，以降低资金的使用成本和筹资风险。按产权关系来说，企业资金的来源可以分为权益资金和负债资金。通常来说，企业完全通过权益资金筹资不利于企业的良性发展，这会占用过多的企业自有资金，降低企业抵御风险的能力；而适度的负债经营可以将风险稀释平摊，用可承受的负债成本抵消不确定的未来经营风险。但需要注意的是，负债比例要是过大，则容易使企业陷入财务危机。因此，筹资决策的一个重要的内容是确定最佳的资本构成，将风险与资金使用成本都降到最低。

（二）投资管理

投资管理指对企业一系列投资活动进行的管理。其中，投资是指企业资金的使用，是为了获得收益以及降低风险所进行的资金对外使用的经济活动。对投资活动进行管理的过程中，要提前计划投资规模，选择合适的投资方式，以提高投资效率，降低投资风险。投资是企业获得利润的重要方式，也是拓展业务范围的前提，可以帮助企业打开视野，通过投资参与，企业能够以较低的资金使用成本熟悉一个新的领域或行业。而对投资活动进行有效的管理，可以提高投资回报率，以最低的成本，规避风险。通过投资活动的成败，可以增强企业的市场灵敏度，这也对企业的未来发展有积极的推动作用。

按照投资方式，投资可分为直接投资和间接投资。直接投资是指企业将资金投入到生产经营性的资产上，以获得回报和利润的投资，如建造或翻新厂房、改善企业内部软硬件环境等；间接投资是指资金投放在金融产品上，以期获得相应的利息或股票投资收益的投资，如购买政府债、企业债、企业股票等。直接投资大多用于自身的扩大再生产，而间接投资更注重利润的获取，可以更有效地增加企业资金的流动性，让企业有更充足的资金"血液"，来供应企业这个"身体"正常发展所需要的"养分"。因此，投资管理分为直接投资管理和间接投资管理，直接投资管理就是企业对于直接投入生产经营上的资金使用情况和回报情况所进行的管理。间接投资管理是对企业投放在金融产品上的资金进行的管理。

投资按影响期限的长短，可分为长期投资和短期投资。长期投资指的是影响超过一年的投资；短期投资是指影响期限和回收期限在一年以内的投资，如存货、应收账款等，短期投资又称为营运资金投资。因此，投资管理相应地分为长期投资管理和短期投资管理。企业在进行投资管理时，最需要关注的是投资的时间周期和风险问题。

按照投资范围，投资可分为对内投资和对外投资。对内投资是对企业自身生产经营活动进行的投资，如购置固定资产等；对外投资是用企业合法资产购买其他企业或单位，或是对金融资产进行投资，如控股其他企业等。这里的其他企业也包括境外的企业，如国内企业海外并购和参股海外企业。因而，投资管理相应地分为对内投资管理和对外投资管理。

（三）利润分配管理

投资完成之后，就会面临分配的问题，即对投资成果的再分配。投资最后的回报是扣除各项费用之后所获得的利润。广义的分配是指对投资收入（如销售收入）和利润进行分割和分派，而狭义的分配仅指对利润的分配。[①] 利润分配管理就是如何在投资者和企业之间对扣除所得税之后的企业利润进行分配。如果利润分配过多，就会制约企业再生产的能力，影响企业的长远发展；如果利润分配过少，则会影响投资者再投资的积极性。因此，利润分配管理的关键就是要控制好利润的支付率，在进行利润分配之前，要充分考虑企业未来的发展和投资者的利益，制定出最优方案。

四、财务管理的特点

企业财务管理的特点表现在三个方面：覆盖面广、综合性强和灵敏度高。

（一）覆盖面广

首先，在企业内部，财务管理活动涉及企业的产、供、销等各个环节。企业内部各个部门不但时时刻刻都与资金产生着联系，而且都在财务管理部门的指导、监督和制约下，合理地安排资金的使用情况，以最大限度地减少资金的无效使用。财务管理部门也在为企业中的其他管理部门，如生产管理、质量管理、人力资源管理等部门提供着及时准确的基础资料。其次，现代企业不可避免地与企业外部进行各种交流。在现代市场经济条件下，企业在市场上进行投融资以及利润分配的经济活动中，与其他经济主体有着紧密的联系。这里主要包括企业与股东、供应商、客户、政府、债权人和金融机构等。

---

① 黄娟.财务管理［M］.重庆：重庆大学出版社，2018：5.

（二）综合性强

财务管理作为企业的一种价值管理，有着很强的综合性，包括筹资管理、投资管理以及利润分配管理。现代企业制度下的企业管理是一个由生产管理、质量管理、财务管理、物资管理、营销管理、设备管理、技术管理以及人事管理等诸多方面构成的复杂系统，如图1-3所示。

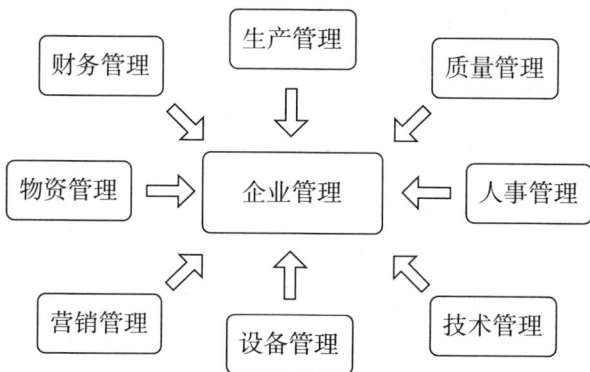

图 1-3　企业管理构成图

除财务管理之外的其他管理各自具有一定的局限性，都只是对各自管理范围内的实物进行调控、组织和运作，不能在整体上进行统筹协调。而财务管理中的价值管理则有效地将其他管理串联在一起，进行整个系统的协同调配，同时以价值作为衡量标准，反映企业中商品或服务在各个环节的流通情况，将企业生产经营中的物资、资金和人力等要素整合在一起，形成产、供、销一体的有机系统。因此，企业管理通过财务管理，并以此为出发点，可以更清楚明晰地呈现企业经营状况、组织管理能力、物资调配效率、人力成本核算、产品销售现状等指标，帮助企业准确地进行决策并规划未来的发展之路。另外，其价值管理中的指标数据，更有助于企业在数字化转型中迅速转变，借助现代化的管理理念，在高速发展的形势下，科学、合理、快速地进行调整，让企业稳步高效地走在高质量发展的道路上。

（三）灵敏度高

在现代企业制度下，企业是市场的独立法人主体和市场竞争主体。企业经营管理的最终目标是获得最大收益，为股东和投资人赚取更多利润，为社会创造更大的价值，这是由现代企业投入资本、实现保值增值所决定的。企业要发展就必须增加投入，扩大生产。企业经营收入的增加，经济实力的增强，又会带来人员、资金的相应增长和技术的相应提高，而这些都可以通过资金的形式来体现，并反映在企业财务指标上。因此，财务管理是企业管理的关键，生产经营中的任何细微活动都能够以数据的形式体现在财务报表上。

第二节 财务管理的目标

企业财务管理的目标是财务管理依据的最高准则，是财务活动所要达到的根本目的[①]。财务管理的目标又称理财目标，指企业进行财务管理活动最终所要达到的目的，它引导着财务管理的全过程，决定着企业财务管理的大方向。准确合理的财务管理目标是企业实现良性发展的必要条件。因此，根据财务管理与运行的客观规律以及企业发展的总体方向来制定财务管理的目标，是企业科学有序发展的起点。本节具体讲述企业目标、企业目标对财务管理的要求，进而指出企业财务管理目标的内涵。企业的财务管理目标包含五个方面的内容，如图1-4所示。

---

① 蔡维灿，林克明，巫圣义，等.财务管理[M].北京：北京理工大学出版社，2020：5.

```
                              ┌─── 生存目标
                ┌─ 企业目标 ───┼─── 发展目标
                │             └─── 盈利目标
                │
                │                           ┌─── 生存目标对财务管理的要求
                ├─ 企业目标对财务管理的要求 ──┼─── 发展目标对财务管理的要求
                │                           └─── 盈利目标对财务管理的要求
                │
  企业财务管理目标─┤                    ┌─── 利润最大化
                ├─ 一般财务管理目标 ────┼─── 资本利润率最大化
                │                    └─── 企业价值最大化
                │
                │                    ┌─── 不同财务活动的财务目标
                ├─ 具体财务管理目标 ────┤
                │                    └─── 不同发展阶段的财务目标
                │
                │                           ┌─── 所有者与经营者的矛盾与协调
                └─ 不同利益主体财务管理 ──────┼─── 所有者与债权人的矛盾与协调
                   目标的矛盾与协调          └─── 企业的社会责任
```

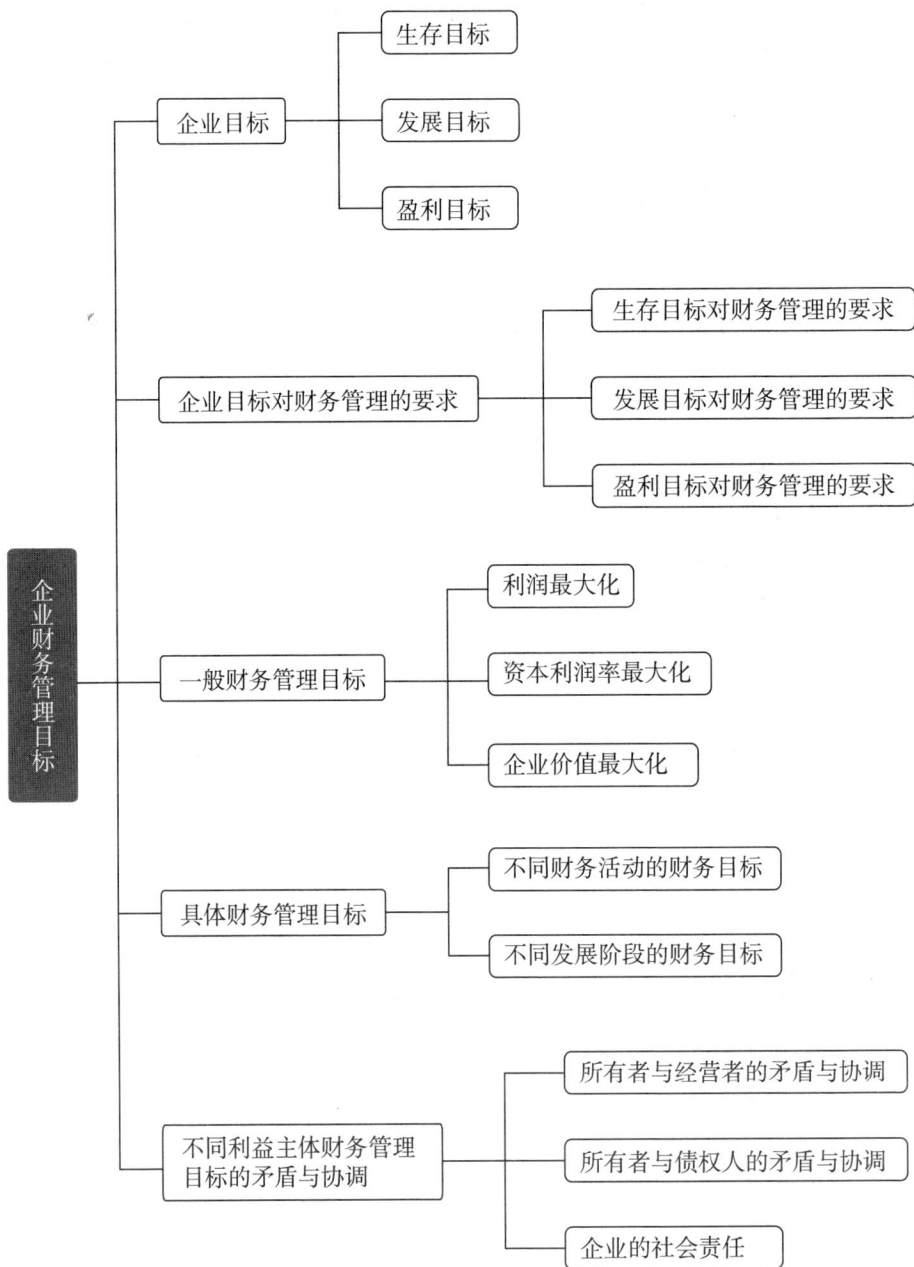

图 1-4 企业财务管理目标图

　　企业财务管理目标，首先要考虑企业整体的生存、发展、盈利目标，并以此为前提，对财务管理提出相应的要求。其次，企业财务管理目标可以从一般财务管理目标和具体财务管理目标两方面来分析。最后，针对不同利益主体的财务管理目标产生的矛盾，采取相应的协调措施。下面对财务管理目标五个方面的内容进行详细阐述。

一、企业目标

企业经营的最终目的是获得利润。企业从成立之初就会面临各种各样的挑战，并随时都有破产倒闭的风险。维持生存是一家企业的根本问题，只有不断地发展壮大，持续地盈利才能从根本上解决这个问题。企业目标可以将生存目标、发展目标、盈利目标具体到执行层面。

（一）生存目标

企业要以生存为目标，获取最大的利益，不断向前发展，只有这样，才能在竞争激烈的市场环境中得以生存。企业利用各种来源的资金来购买生产经营所需的生产资料，从而生产出产品和提供服务，再在市场交易中换回资金。经营状况良好的企业应做到流入的资金量要高于流出的资金量，使企业进入良性循环。生存目标是企业的基础目标，是企业制定其他目标的基本前提。

企业制定生存目标的另一个目的是到期偿还规定的债务。企业为了自身的扩大再生产或提高产品质量，需要通过各种方式周转资金，以满足自身发展的需要。国家为了维护经济市场的正常秩序，从法律和制度上保证债权人的利益，要求借贷的企业必须在规定的时间内偿还债务本金和利息，保持市场的良性生态环境。

（二）发展目标

企业在发展中要谋求生存之道，最重要的是要不断发展壮大，不断推陈出新。企业要不断地增加研发投资，以技术带动产品和服务更新换代，将用户的满意度放在首位，这样才可以不断地扩大企业所在领域的市场份额；相反，若企业一味地故步自封、不思进取，企业最终会被快速发展变化的市场所淘汰，被迫退出经济舞台。

（三）盈利目标

企业的最终目的是获取利润，保证持续稳定的收入来源，用以维持企业运转的各项支出，包括企业职工的待遇福利、企业自身发展所需的生产资料，以及维持企业在社会中的公益责任等。企业盈利目标的实现是制定其他目标的有力保障。

二、企业目标对财务管理的要求

企业目标对财务管理的要求包括生存目标对财务管理的要求、发展目标对财务管理的要求、盈利目标对财务管理的要求。

（一）生存目标对财务管理的要求

企业的生存危机来自两个方面：一是企业长期亏损。这是企业倒闭的根本原因，也是恶性循环的开始，之后企业的一切经营活动都会受到限制；二是企业不能如期偿还借款。这是导致企业亏损的一个直接原因。亏损的企业为了解决现有的问题，会继续寻找新的资金，以新债还旧债，拆东墙补西墙，这将带来恶性的连锁反应，如不能及时扭亏为盈，最终企业将面临破产。效益好的企业也可能出现"赤字破产"的情况，如通过借款不断扩大生产规模，但投资失败，无力偿还所借款项，使企业的生产经营无法持续下去。为此，企业应当力求保持收支平衡，资可抵债，以减少破产的风险，使企业能够有长远的发展，这是对财务管理的首要要求①。

（二）发展目标对财务管理的要求

企业的发展目标集中表现为扩大收入。扩大收入的根本途径是提高产品的质量，扩大销售的数量，这就要求企业不断更新设备，改进技术和工艺，并努力提高各种职员的素质，即投入更多、更好的物质资源和人力资源，并提高技术和管理水平。在市场经济中，各种资源的取得都需要付出资金，企业的发展更是离不开资金。

（三）盈利目标对财务管理的要求

从企业财务的角度看，盈利就是企业获得超过资产投资部分的资金。在市场经济的今天，一切资本的使用都是有成本的，每一项投资必须要收到相应的回报。财务部门要充分利用正常生产经营所获得的收入和从其他渠道获取的资金，把每一分钱都用在刀刃上，并且要尽可能地缩短资金的使用期限，以降低资金使用成本。

三、一般财务管理目标

一般的财务管理目标是全部财务活动实现的最终目的，是企业开展所有财务活动的基础。从根本上讲，企业在制定了生存和发展目标之后，对企业自身

---

① 黄惠玲，郭晓红.财务管理 [M].北京：中国金融出版社，2003：9.

的总体规划有了基本思路，在此基础上，制定合理的企业财务管理目标。追求经济效益最大化是企业的终极目标和使命。因此，企业财务管理目标的制定也要以经济效益最大化为基础，同时，要有可量化的指标来衡量财务管理的效果、企业发展的状况。根据现代企业财务管理理论，典型的财务管理目标主要有下列三种。

（一）利润最大化

利润最大化一般指税后利润总额的最大化[①]。

企业追求利润的最大化是维持自身长远发展的原生动力，也是企业一切经营发展的前提。利润最大化之所以如此重要，有三点原因：一是企业发展从本质上说，就是通过生产的剩余产品换来收益，这也是衡量企业利润的重要指标；二是在市场竞争激烈的环境下，资本都会追逐利润稳定或是获利最高的企业，这就迫使企业用尽一切方式以实现利润的最大化；三是只有企业不断追求利润的最大化，并把利润汇聚起来，才能最终使全社会财富持续增长，进而推动社会发展，使人民生活不断得到改善。

实现利润最大化的措施有待进一步提高财务核算精准性，不断提高技术水平，提高管理效率，充分调动劳动积极性，进一步降低产品成本等。

与此同时，利润最大化也存在着有待完善的方面。

（1）利润最大化是一个绝对的指标，它并没有平衡企业投入和产出的内在关系的努力，也不能比较同一家企业在不同时期的营收表现或是不同资本规模的企业间的营收表现。

（2）利润最大化没有充分考虑企业不同时期的收益，或是没有考虑资本时限的问题。投资项目收益现值的多少不只取决于未来的总收益，还受到收益时间的影响。企业为尽快收回投资，就会将资金投入到下一个项目中，或是扩大自身的发展。因此，利润最大化通常会忽视这一方面。

（3）没有充分考虑风险问题。通常来说，利润越大，投资的风险也就越大。如果企业追求过高的利润，则会增加企业风险，但利润最大化没有充分考虑到这一点。

（4）利润最大化还有可能让企业只注重短期行为，从而忽略长期发展的重要性。

---

① 王力东，李晓敏.财务管理［M］.北京：北京理工大学出版社，2019：10.

（二）资本利润率最大化

资本利润率是利润额与资本额的比率。每股利润也称每股盈余，是利润额与普通股股数的对比数。在这里，利润额是税后净利润。所有者或股东是企业的出资者或投资者，他们投资的目的是为了取得资本收益，表现为可用来分配的税后净利润与出资或普通股的股份数的对比关系。它的优点是把企业实现的利润额同投入的资本或股本数进行对比，能够说明企业的盈利率，可在不同资本规模的企业之间进行比较，揭示其盈利水平的差异性。但这一指标仍有不完善的地方，如没有充分考虑企业不同时期的收益情况、资本时限的问题和风险问题，容易忽略企业的长期发展。

（三）企业价值最大化

企业的价值是市场对企业有形资产和无形资产的评价。一般来说，由于企业的商誉，企业价值一般高于企业账面显示的资产价值。企业价值可以理解为企业的所有者权益的市场价值，或是企业所能创造的未来现金流量的现值。未来现金流量包括资金的时间价值和风险价值。市场的未来情况既充满了不确定性，也充满了风险，现金流量的现值是以资金的时间价值为基础，由现金流量进行折现计算得出的。

企业价值最大化是指企业的财务管理以实现企业价值的最大化为目标，其要求企业通过选择最佳的财务管理政策，考虑资金的时间和风险成本对报酬的影响，在保证企业长期稳定发展的基础上，使企业的总价值达到最大。以企业价值最大化作为财务管理目标，有以下四方面优点。

（1）可以充分考虑获取收益的时间，并以时间价值的尺度来计量。

（2）可以充分考虑存在的风险与收益之间的关系。

（3）可以充分考虑企业的长期、稳定、可持续发展，避免了短期利益对企业的影响。只有把握住长远的大方向，才能使企业在短期发展中不受波动性的影响。

（4）注重价值而非价格，可以让企业不受短期波动的影响，专注于企业自身的目标。

当然，财务管理以企业价值最大化为目标，也有待改善的地方。如企业价值是一个抽象化的概念，上市企业在股票市场上的波动可以显示出企业发展的情况，但对于非上市企业，其市场评价就往往没有明确的数据指标可以衡量，有时，企业内部对自身价值也没有清晰的认识。近些年，随着国家金融改革的不断推进和北京证券交易所的设立，将会有越来越多的企业成功上市。通过资本市场对企业的综合评价，企业可以更清楚地明确自己的定位，企业价值最大化的目标也会越来越受到市场的认可。

四、具体财务管理目标

财务管理的具体目标取决于财务管理的具体内容。财务管理目标的细分结构如图 1-5 所示。

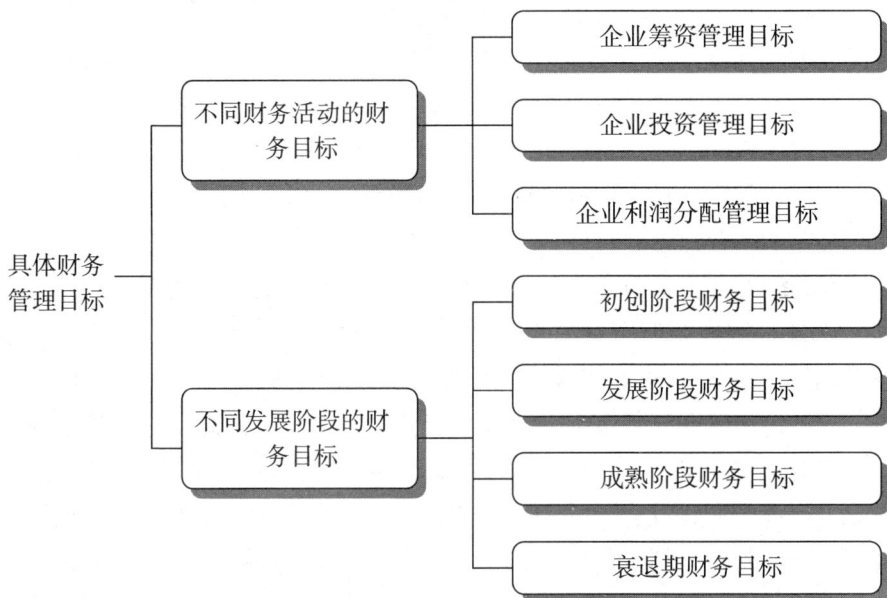

图 1-5　具体财务管理目标图

由图 1-5 可知，可以从财务活动的类型和企业的发展阶段两个角度，对具体财务管理目标进行分类。其中，企业不同财务活动的财务目标涉及企业筹资管理、投资管理、利润分配管理三个方面；而企业不同发展阶段的财务目标涉及初创阶段、发展阶段、成熟阶段以及衰退期四个阶段的财务目标。

（一）不同财务活动的财务目标

1.企业筹资管理目标

企业为了保证自身的正常运转以及扩大再生产的顺利进行，必须要有一定的储备资金。企业获取资金有多种方式，资金获取的方式不同，其使用的期限、附带的限制性条款、资金的使用成本以及资金所隐含的风险也都不相同。因此，企业筹资管理的目标就是以最低的成本、最小的风险、最少的限制条件，最大限度地获得最多的资金。企业筹资管理目标制定得完整与否直接影响着后续其他目标的制定，因此，制定企业筹资管理目标时，同时要考虑与企业中其他目标是否相一致。

2. 企业投资管理目标

企业投资是企业资金对内或对外的投放使用，以获得相应利润的过程。因此，企业投资可以分为对内投资和对外投资。企业在进行投资行为时，会面临投资成功或投资失败两种情况，投放出的资金有可能收回并获得相应的收益，也可能只能拿回部分资金，还可能根本就拿不回投资资金，其中存在着很大的不确定性。这是因为企业在投资的过程中，受政策、市场、客户、企业经营状况等诸多因素影响，存在着不可预知的投资风险。因此，企业投资管理的目标就是以最低的投资风险，用最合理的资金规模，获取最大的投资回报。

3. 企业利润分配管理目标

利润分配就是企业将获取的收益和利润部分，分配给投资者、股东、企业内部职工或是留作企业自身发展之用等，其分配过程涉及每一个利益群体的利益。利润分配制度合理与否，关系着企业的价值观，以及企业未来的发展走向。此外，由于利润分配涉及企业现金流量的变动，因此，会直接影响企业资金的安全性和稳定性。具体到实践中，若企业分配的利润比例过高，就会一定程度上提高企业在社会上的积极影响力，提高外界对企业的投资积极性，激发内部员工的工作热情，但同时，企业的自有现金会减少，从而限制企业在其他事项上的资金使用，如影响扩大再生产的能力，影响企业的长期发展等；相反，若企业分配的利润比例过低，会降低企业在社会上的影响力，削减投资者的投资热情，打击员工的劳动生产积极性，但企业扩大再生产的能力会相应提高，应对风险的能力得到加强，长远发展的资金方面得到保证。因此可以看出，利润分配产生的影响会有此消彼长的相互作用，这就需要企业或财务决策者，在全面系统的权衡之后，制定出合理适度的利润分配方案。

（二）不同发展阶段的财务目标

下文就企业四个不同的发展阶段，来详细介绍其具体财务目标，如图 1-6 所示。

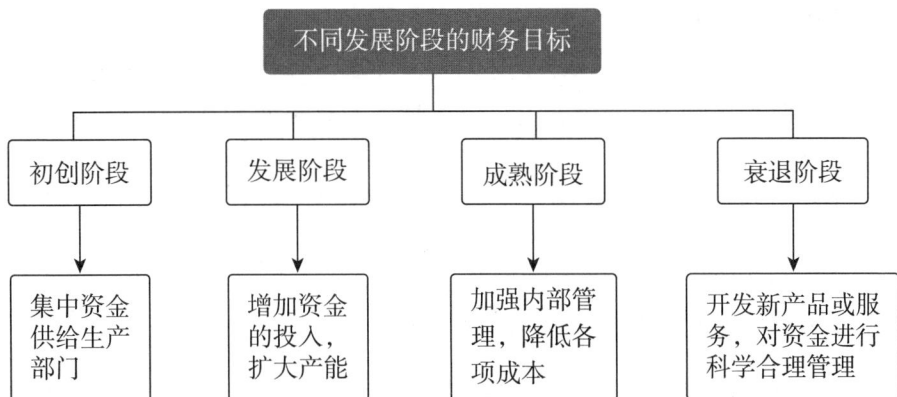

图 1-6　企业不同发展阶段财务目标图

　　企业在不同发展阶段，所面对的财务目标均不相同，但各个阶段财务管理的最终目标都是保证资金的充足供应，科学合理地使用资金，使资金的使用成本控制在最低水平，同时保证企业正常的生产经营。下面从企业的四个不同的发展阶段详细阐述各阶段的财务目标。

　　1. 初创阶段财务目标

　　当企业处在初创期时，会遇到各种各样的风险，市场是其中最大的风险，这里包括商品市场、人力市场、技术市场以及金融市场等。这个阶段，企业的首要目标就是生产出得到市场认可的产品。只有产品质量有保证，才可立足于市场。因此，这一阶段的财务目标就是集中资金供应生产部门，提高生产的效率和质量，协调各方的资源，保证产品高质高效地稳定输出，同时降低资金风险，保证稳定的收益。

　　2. 发展阶段财务目标

　　企业进入发展阶段，产品或服务在市场上有了一定的知名度，这时需要继续扩大产能，完善产品或服务的结构，增加资金的投入，以获得稳定的、更高的收益。因此，在这一阶段要尽可能地多投入，为企业的后续发展储备更多的资本。

　　3. 成熟阶段财务目标

　　企业在进入成熟期时，产品或服务在市场上基本趋于饱和，或是处于稳定发展阶段。这一时期，企业的重心是加强内部管理，降低企业内部生产、人力、物资、服务等的成本，财务目标应该侧重于加强资金管理，加速资金周转，减少资金占用率，降低投资风险，使资金的运转更为高效。

4.衰退阶段财务目标

随着技术的进步，新产品或服务的不断涌现，有些企业进入衰退期，企业的产品或服务的市场占有率下降。这一时期，企业应重新调整财务目标，不断对资金结构进行优化和升级，将战略重心转移到新兴市场，开发新产品或服务，对资金进行科学合理的管控，以降低生产经营的风险，在新的机遇和挑战中发现市场空白和机会点，以谋求更大利益。

五、不同利益主体财务管理目标的矛盾与协调

企业在财务管理过程中，不可避免地会与各方利益主体打交道，财务管理的目标也会因此受到诸如企业所有者、企业经营者、企业债权人以及企业社会责任的影响。处理和协调这四者之间的矛盾与利益的关系是一个很关键的问题，如图 1-7 所示。

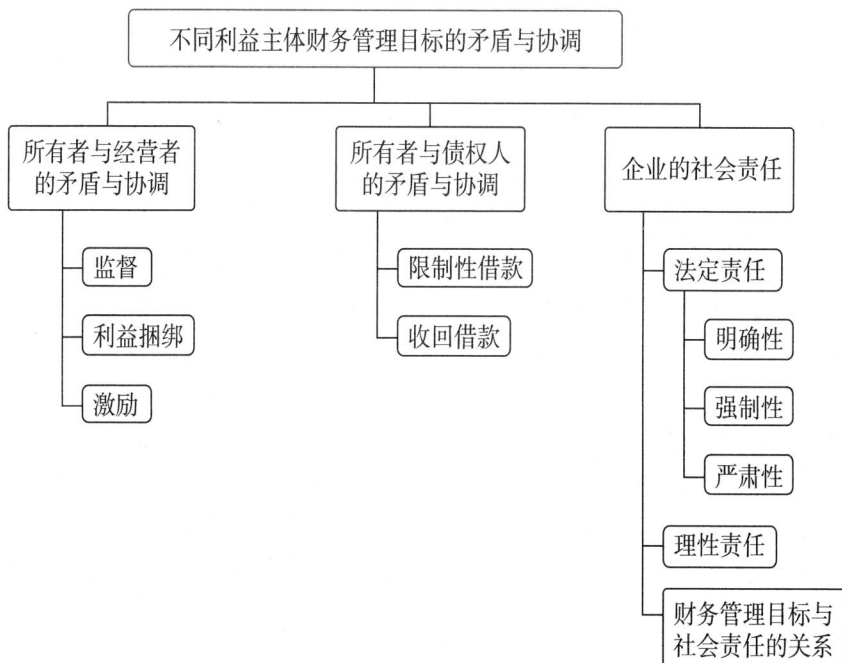

图 1-7 不同利益主体财务管理目标的矛盾与协调图

从图 1-7 可以看出，不同利益主体的财务管理目标均不相同，又由于受自身利益的影响，不同利益主体之间会产生矛盾，而如何更好地解决和协调彼此之间的矛盾和问题也是财务管理所涉及的内容。下面从三个方面就这一问题进行详细阐释。

（一）所有者与经营者的矛盾与协调

企业的所有者占有企业全部的软硬件资源，包括有形资产、无形资产、人力、技术、专利等一切生产经营要素。现代企业制度规定企业的所有者和经营者相互独立，所有者持有企业的股份，而经营者负责企业的生产经营，为企业赚取利润。这样，就会产生所有者对企业资产的占有权与经营者的经营权的矛盾，如所有者作为绝对的领导者，有的甚至不懂企业的业务和生产流程，制定的企业发展方向与经营者的经营理念相背离。另外，还存在着经营者追求个人利益的最大化与所有者追求自身财富最大化的矛盾。例如，作为经营者的经理，在经营管理过程中铺张浪费，衣食住行选择高档标准，制定经营战略却也不考虑成本问题。之所以出现这些问题，归根结底是由于经理没有企业的所有权，企业能否良性发展与其没有任何关系。为了协调所有者与经营者之间的这些矛盾，可以从以下三个方面开展工作。

1. 监督

经理与股东产生矛盾的根源在于，二者所掌握的企业经营信息不对称。经理由于全权负责企业的生产经营活动，因此，掌握着企业一手的数据信息，而股东所掌握的信息有限，同时没有那么多精力去关注这些具体问题，加之企业股东的构成通常较为分散，股东相互之间沟通交流的机会有限，导致经理有很大的空间可以在资金运作上做手脚。因此，实行监督制是一个很有效的方法。企业内部可以规定，经理需定期汇报企业生产经营的财报数据，定期进行工作汇报。同时，股东应该积极学习企业经营相关的知识，尽可能多地掌握企业数据，不可做轻松的"甩手掌柜"，要多亲力亲为，多到一线考察企业生产经营状况，这也有助于股东制定更为准确合理的企业战略。

2. 利益捆绑

如果企业经理由于自身经营管理不善，使企业利益受损，竞争力下降，则应让经理认识到，企业的正向发展与经理自身的利益是息息相关的，并将经理的个人利益与企业的利益捆绑在一起。若企业持续亏损，收入一直下滑，则经理的收入也会相应随之降低。因此，要时刻敦促经理以企业发展为重点，充分调动其工作积极性，发挥其自身优势，让其认识到为企业服务也是在为自己服务。

3. 激励

激励机制，简单地说，就是通过增加经理报酬的方式，调动其工作积极性。激励的方式可以是现金或是企业股票等。现金方式，如将经理的管理绩效与企业的效益挂钩。若企业效益提高，则给予经理相应增长比例的绩效奖励；若企业效益降低，经理就没有相应的绩效提成，或者扣除一定数额的报酬作为惩戒。股票方式，如规定一定时期内经理完成了企业成长的任务，可以分配给经理一定比例的企业股票。企业的不断发展会带来股票价格的上涨，这在很大程度上能促使经理通过自身管理，让企业获得持续发展。需要注意的是，激励机制的设立要把握好度，激励设置得过高会增加股东的激励成本，消减股东利益；设置得过低则会失去激励的意义，不能充分调动经理的积极性。

通常情况下，企业用监督和激励相结合的方式可以达到更好的效果，不能一味地严格监督，也不能一味地宽松激励，在管理限制中施以合理的激励，恩威并施，可以顺利地化解所有者与经营者之间的矛盾。

除了以上介绍的几点企业自身的努力之外，外部市场的竞争压力也可以将企业的效益增长同经理自身利益关联起来。

首先，市场对经理的评价。一名经理的价值体现在其所经营管理的企业发展是否良好，是否能够得到市场的认可。企业运转高效且有很高的投资回报，就说明经理的管理运营能力突出，经理自身的价值自然也会提升。在人才市场上，企业选聘这样表现优异的经理也就会支付较高的薪资。如此一来，经理个人利益的最大化就与股东财富的最大化统一在一起，经理和股东有了相同的利益诉求。

其次，经理存在被解聘的威胁。虽然现代企业中的股东都较为分散，相互之间的沟通联系也较少，但企业的股东毕竟存在共同的利益诉求，股东们在股东大会上都有自己的表决权。在企业处于长期亏损的状态时，股东们可以通过集体表决的形式，一致通过解聘经理，任用新的有管理能力的经理。这对在职经理是一种随时存在的威胁。这使得经理需时刻打起精神，为企业的成长与发展制定科学有效的战略，还可以限制其放任自流的散漫管理思想，进而促使经理对企业不断进行改革创新，让企业持续健康发展。

最后，企业时刻存在着被兼并的风险。如果经理由于自己经营管理不善，使企业长时间处于亏损状态，就会直接影响企业在市场上的表现，企业股票也会表现得不尽如人意。此时，会有其他企业申请兼并这家企业，假使企业被兼并，经理就会面临降职或者被辞退的风险，这对于其自身利益来说是一种巨大的损失。为规避这种情况，经理会尽其所能地让企业处于持续盈利的状态，维持股价的高位水平。这也是股东利益的最终诉求，经理的利益与股东的利益相一致。

（二）所有者与债权人的矛盾与协调

企业的资本主要来自股东和债权人。债权人的投资回报，按合同约定是固定的金额，在企业利润中只占很小的比例，企业定期支付给债权人投资资金的利息；而股东的投资回报，则与企业的收益息息相关，除去分配给债权人的一小部分企业利润外，其余大部分企业利润归股东所有。当企业获得巨大收益时，股东可以从中获得丰厚的企业利润；而当企业亏损或是濒临破产时，债权人会面临投资无法收回的风险。这就产生了债权人的投资收益和风险不匹配的现象，也就产生了债权人的收益率与股东收益率之间的差异矛盾。在现实情景中，其矛盾还表现在，首先，股东未经债权人允许，让企业投资高风险的领域，若产生了巨大的收益，债权人无法享受到高风险带来的高收益；而如果投资失败，债权人则会面临不能收回投资成本的高风险。其次，股东未经债权人同意，私自发行企业债券，会大大增加企业的破产风险，而此时债权人也相应地要承担巨大的投资成本损失的风险，这严重侵犯了债权人的利益。因此，在企业经营状况不佳的时候，股东和债权人之间的矛盾也最为激烈[①]。

所有者与债权人之间矛盾化解方式通常有以下两种。

1. 限制性借款

这是债权人通过在借款合同中标明限制性条款，来限制股东在未经债权人同意的情况下进行高风险投资和发放企业债券的行为。其中的限制性条款包括资金用途的限制、借款的信用条件及借款担保内容等。

2. 收回借款

收回借款是指债权人一旦发现企业侵犯其投资资金收益时，可选择收回借款，不再执行借款行为的方式。除债权人之外，与企业所有者有关的各方主体都与企业存在合同关系，都存在着利益冲突并受相应条款的限制。股东如果侵犯企业员工、供应商或消费者的利益，会严重影响企业的长远发展。因此，企业应当在一定的限制范围内，获取合理的最大收益。

（三）企业的社会责任与财务管理目标

1. 企业的社会责任

企业的社会责任包含两方面的内容：法定责任和理性责任。企业的社会责任与企业的财务管理目标有着密切的关系。

（1）法定责任。法定责任是指国家的法律法规、相关的地方管理制度所明

---

① 张梅.公司财务管理［M］.北京：北京理工大学出版社，2018：6.

确的企业必须要履行的社会责任。企业的法定责任都是由法律来规定的，如国家及地方的税法、《中华人民共和国反不正当竞争法》《中华人民共和国反垄断法》《中华人民共和国环境保护法》和《中华人民共和国消费者权益保护法》等。企业的法定责任具有以下三个基本特征。

①明确性：相关法律对企业应当承担的社会责任进行了明确的规定，并对容易误解的地方进行了准确、详细的解释；②强制性：所谓强制性，就是依据相应的法律法规，强制企业承担相应的社会责任，并由相应的执法机构依法进行强制执行；③严肃性：相关法律部门对企业应当履行社会责任的情况进行严肃认真的监督和检查，对拒不履行者予以责任追究。

（2）理性责任。现代社会的发展与运行，需要每个组织和个人都承担一定的社会责任，而这些社会责任不可能都由国家法律来具体规定。这就需要各个组织和个人依照社会道德的标准，自觉承担相应的社会责任。例如，企业走进养老院，关心照顾老人；资助学校兴建体育设施或教育设施；支持环保事业；国内发生地震、旱涝、疫病等灾害时，提供物资或人力援助等。企业承担的这些社会责任，虽然从表面上看，是为了回报社会，但进一步理解，这也是在帮助企业自身。企业在提升其社会形象的同时，在社会大众心中产生积极正面的影响，进而在无形中提高企业的知名度，对企业日后产品或服务的销售无疑可以起到巨大的社会推动。比如，2021年7月，在河南暴发洪水灾害后，鸿星尔克在巨额亏损的情况下，竟然捐出5000万的物资，网友被这一善举感动，短时间内把鸿星尔克直播间和门店的鞋子、衣服抢购一空。这一典型案例足以说明社会责任既是社会的责任，也是企业发展的责任。

2. 企业财务管理目标与社会责任的关系

企业财务管理目标与社会责任之间的关系的处理原则，应当建立在协调统一的基础上。通常说来，财务管理目标的实现与社会责任的承担是一致的。其原因有以下三点。

（1）企业要实现自身利润的最大化，就必须生产满足社会所需的产品或提供社会所需的服务，而这同时能体现出企业自身的价值。

（2）企业为了实现自身利润的最大化，会不断进行技术创新，而产品或服务升级能提升生产力水平，也是在推动社会进步。

（3）企业为了实现自身价值的最大化，会不断挖掘自身生产潜能，创造新的技术、产品或提供新的服务，既增加企业利润，又为国家贡献更多的税收，增强国家的财政实力。

然而，企业的财务管理目标与社会责任有时也会出现不一致的情况，企业有时会因为承担社会责任，损害到企业的营收以及股东的利益。例如，企业在生产经营中，为了减少对环境的污染，会购买环保低碳的设备，采取节能减排的措施，这些都需要企业投入大量的资金。此外，社会责任中的理性责任难以在企业之间进行科学公平的分配。所有以上问题都会让企业的财务管理和社会责任之间产生矛盾，因而需要通过商业道德的约束以及政府行政管理机构的监督和社会舆论来协调和解决。

第三节　财务管理的环节

财务管理的工作环节指的是财务管理全流程的步骤，它是根据财务管理工作的程序和各个环节的内在关系来界定的。一般来说，财务管理分为五个步骤：财务预测、财务决策、财务预算、财务控制和财务分析。如图1-8所示。

不管是财务预测中定性或定量的预测方法，还是财务决策中方案的提出和最终的确定，或是财务控制中标准的制定或分析财务数据的差异，甚至是财务分析中改进措施的提出，都需要根据财务管理的信息而进行相应的决策。下文就财务管理的各个环节进行具体的阐述。

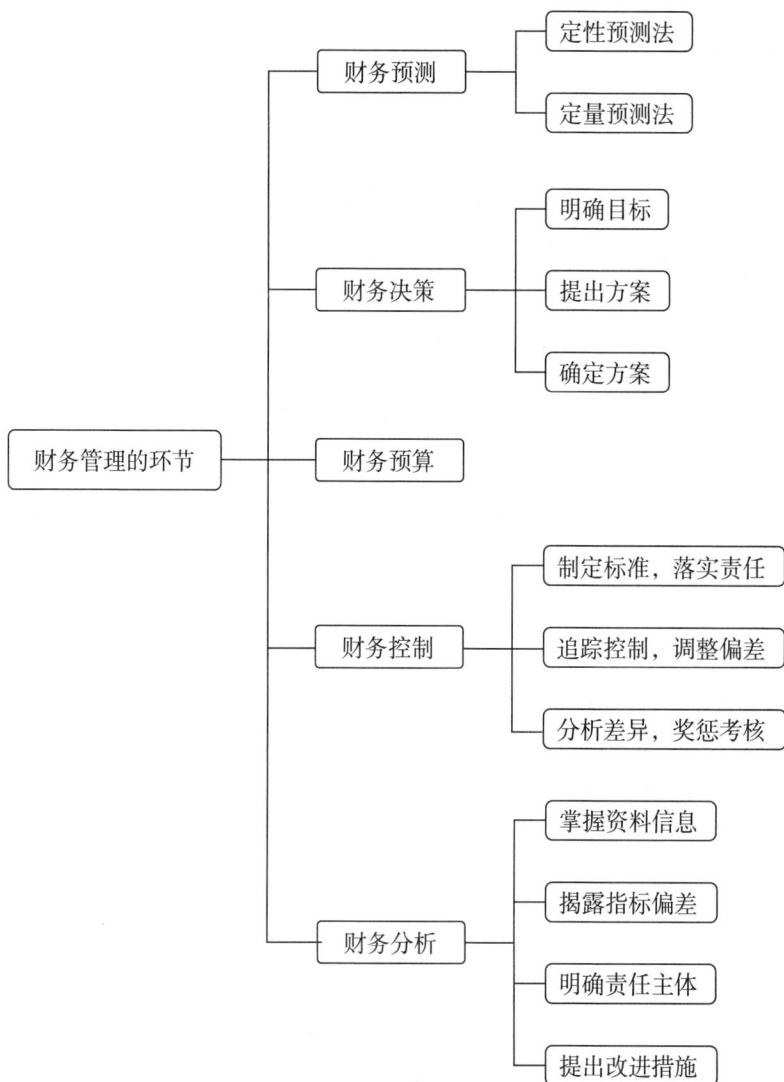

图 1-8　财务管理环节图

一、财务预测

所谓财务预测，是企业根据现实条件、发展方向以及自身财务的历史资料或是财务分析报告，运用特定的预测方法，对企业未来的财务活动和财务成果进行合理有据的判断和预测。财务决策的基础就是财务预测，财务预算的编制也需要财务预测作为支撑。

财务预测采用的方法通常有两种：定性预测法和定量预测法。

（一）定性预测法

定性预测法是指企业在没有完整具体的资料，或是现有的数据资料没有明显的相关性时，专业人士根据自己的经验和之前所经手的案例进行主观的判断或推测。其优点在于能够快速地把握事物发展的方向，具有很大的灵活性，可以充分调动人的主观能动性，不断根据大方向制定出切实可行的方案。同时，此法省时、省力、节约成本，对企业的快速决策、及时应对有很大的助力。

（二）定量预测法

定量预测法是指在现有完整详细的财务数据资料下，企业根据自身发展方向与面临的挑战，通过相应的数学方法建立数学模型，揭示出有关历史数据变量之间的规律性联系，分析出企业的真实情况及其面对的问题，进而进行有理有据的预测。定量预测法常用的方法有加权算术平均法、趋势平均预测法和指数平滑法等。定量预测法的优势在于能够准确描述出财务数据在数量上的变化程度，受主观因素影响较少。

在实际的工作实践中，将定性预测法和定量预测法结合起来对财务行为进行预测是企业通常的做法。二者并非相互独立，而是在相互补充、相互完善的基础上，对企业财务的预测实现更为精准的判断。

二、财务决策

从字面上看，决策通常指的是决定，其实质是结合财务管理目标，通过科学的方法，对各种备选方案进行比对，最终找出最适合企业发展的方案。财务决策的全过程具有系统性，需要针对当前财务的状况，发现问题、分析问题和解决问题。正确的财务决策可以帮助企业扭亏为盈，而错误的财务决策可以导致企业破产风险急剧提高。因此，财务决策与企业发展之间存在正相关的关系。正确的财务决策步骤有以下三点。

（一）明确目标

决策是管理的重要环节，决策的关键环节就是确定目标。决策目标的制定并非凭空而来，而是根据企业的经营数据以及相关资料测算出的。只有明确了决策目标，才能有的放矢，指导企业以后的一切经营行为。同时，决策目标必须明确、具体，要切合企业的实际，要有可执行性。如果目标不明确，则企业的发力就没有方向性，资源也不能集中在一起，这会空耗企业精力；如果目标制定得不具体、不详细，在执行的过程中就容易盲目，没有标准，行动也难以统一；如果目标制定得不切实际，或是没有可执行性，目标就失去了本身的意义，员工也会因为目标设定过高，无法达成，而直接放弃努力。

（二）提出方案

根据制定出的决策目标，再通过特定的预测方法，如直观预测法、时间序列预测法、计量模型预测法，对现有的资料和数据进行整理、分析、归纳和总结，最后制定出所有可行性方案。需要强调的是，方案不能只呈现宏观的大方向，也应深入微观层面，具体到操作层面的内容，如市场、公司、用户的状况等，要进行具体的、可量化的标准和责任分配，要提出明确的、待解决的问题，并以问题和市场为导向制定方案。每一个方案都要实事求是，能落地执行，而空谈只能浪费时间和精力，制约企业发展。

（三）确定方案

几种备选方案提出后，要根据决策的目标，运用一些专业的方法，对各种备选方案的经济效益进行分析和评价。例如，常用的定性评价方法有德尔菲法、优缺点列举法，常用的定量分析方法有直接评分法、比较价值评分法、加权评分法等。企业可以根据自己现有的资源和条件选择适合自身的方法，而后综合评估权衡后，从备选方案中选出最有利于其发展的方案。

三、财务预算

所谓财务预算，是企业通过科学的计量方法和运算手段，对财务活动的目标和内容进行细化安排和系统性的规划。它是以财务预测的结果和财务决策的方案为基础制定相关内容的，同时是财务控制以及财务分析活动开展的先决条件，具有承上启下的关键作用。财务预算的作用是可以使决策目标进一步细化，使其更具系统性、整体性，同时使决策目标能够量化到可以操作的数据指标上，更有助于各项决策目标顺利实现。财务预算是全面预算体系中重要的最后环节，其他相关联的预算是财务预算的辅助支撑。

四、财务控制

财务控制是财务管理环节的关键操作点，它是用有效的操作手段，基于财务目标的内容和相关经营信息，对财务活动进行一系列管控的方式[1]。财务控制不但是保证财务预算的目标如期执行的调节行为，而且是绩效测评得以实行

---

[1] 蔡维灿，林克明，巫圣义，等.财务管理 [M].北京：北京理工大学出版社，2020：9.

的凭借，并为激励机制的施行提供重要的支持。通常来说，财务控制有以下三个步骤。

（一）制订标准，落实责任

在责任、权利和利益相结合的原则中，三者必须匹配对等，同时它们之间也相互发生作用，相互进行制约，三者是共同协同、一致发展的关系。根据统一的原则，将预算任务以具体量化的标准分别落实到部门、组织甚至是个人上。这样，企业中的每个个体就会明晰自己的工作方向，知晓自己的责任担当，也清楚怎么做才能使自己获得最大收益。

（二）追踪控制，调整偏差

在日常的财务执行过程中，应当利用各种方式，对物资的使用支配、费用的支付以及资金的收入和使用等进行先期的管理和控制。若是符合财务预算目标和决策内容的，应予以鼓励与支持；若是违背预算目标和决策的，则应进行限制管控，甚至是警告和处罚。

在财务控制管理的过程中，应对财务活动的结果和目标执行的偏差进行相应的调整，以满足财务预算的目标，使其得以顺利实施。同时，在这一过程中要详细记录下财务活动的相关数据，时时对数据进行分析，判断现实执行中的数据与财务目标的标准与要求是否相符。若分析出的财务活动趋势偏离目标，则应及时对财务活动或企业经营活动进行调整管控，把苗头消灭在萌芽状态，保证企业经营和财务活动在大方向和具体目标的执行路径上的正确性。

（三）分析差异，奖惩考核

企业在规定的一段时期内，应当就财务预算执行的情况和结果进行分析、测评，考核各个财务预算指标执行的效果。针对考核结果，应对考核中表现突出的集体和个人给予相应的奖励，并公开表扬；而对于考核中表现较差的集体和个人，则应给予相应的处罚，并在企业内部进行公开警示。通过奖惩方式，每个人可以深刻地认识并理解预算目标的方向性，在对比和交流中，可以更好地帮助后进集体或个人学习到高效的工作方法，发现自身存在的不足，从而更有针对性地在下一阶段进行改进。与此同时，先进集体或个人也因自身获得的阶段荣誉，会更有信心和动力，在更大的士气下，可以更出色、更顺利地去达成接下来的预算目标。

五、财务分析

财务分析是企业根据财务核算的资料数据，运用特定的分析方法，对财务活动的流程和结果进行分析、研判和评价的一项财务工作。其常见的方法有营运分析法、收现分析法、盈利分析法和偿债分析法。财务分析是对上一个阶段财务活动的总结，也是下一阶段财务预测的重要前提，它是财务活动阶段性连接的关键点。通过财务分析，企业可以掌握自身财务预算目标的达成情况，评价当前其财务状况的好坏，分析与判断其活动发展的规律，进而及时调整财务管理其他环节的内容，以进一步提升其财务管理的能力和水平。通常来说，财务分析包含以下四个步骤。

（一）掌握资料信息

在进行财务分析之前，应当充分且尽可能完整地收集与掌握相关的企业经营信息和资料。这些信息和资料包括制定财务预算的相关资料、本阶段财务报表的实际数据资料、企业往年的财务数据、相关客户的行为数据和市场调研的数据资料等。其中，客户行为数据包括客户的消费数据、消费频率、客户偏好、客户满意度等，以客户为导向，可以使企业明确战略方向。市场调研数据包括市场的发展前景、市场的机会点、市场竞争的态势和市场政策的相关信息等，掌握这些有助于企业明确自己在整个市场环境中的定位，从而更为理性地调整相关决策。

（二）揭露指标偏差

发现问题、揭示偏差是通过对比分析的方法得出的。财务分析必须在充分和较为完整的数据资料基础上得出结果，从中找出企业发展过程中出现的问题，进而找出与目标的差异。需要注意的是，得出的结果必须审慎，切忌随意或掺杂主观思想，以数据资料为依据，就是要排除个人经验和认知局限的因素，让分析的结果更为理性客观，更具说服力，由此为财务活动的顺利进行消除疑虑，增强执行力。

（三）明确责任主体

影响企业经营和财务管理活动的因素有很多，有来自企业自身的，有源于企业外部环境的；有企业经营生产方面的，有组织管理方面的；有企业经济管理方面的，有思想认识是否统一等方面的企业。这些因素对财务管理活动影响的程度不同，这就需要财务人员通过一定的方法，分辨出影响财务管理的关键因素和非关键因素，明晰各个因素影响程度的大小、在结果中的影响占比，进而抓住关键因素，分清责任主体，将责任明确到集体或个人，推行责任制，将财务目标完整详细地分解到位，做到不遗漏、不错分，不强制分配，在力求责任制有理有据的同时，要形成相应的文件，下发至每个责任主体，并在企业内部进行公示。

（四）提出改进措施

财务分析在对大量数据资料进行分析研判的基础上，要分清主次，去除无关紧要的内容，选取其中的精华或是主要矛盾，从现有问题推及可能存在的普遍问题，从表面现象延伸到问题的实质，进而找出企业财务活动之间存在的关联性问题，以及财务活动与企业其他经营活动之间存在的本质性的关联问题。以此为基础，制定出相应的解决和改进措施。需要注意的是，所提出的改进措施若笼统粗略，即使措施方向正确，也会让企业的执行部门不知所措，无法发挥改进措施应有的功效。因此，措施应当具体详细，且要具有可执行性，这样才能通过改进措施的落地执行，顺利地推进企业财务管理活动的发展。

第四节　财务管理的环境

所谓财务管理环境，就是指影响企业财务活动和财务管理行为的企业内部和外部的各种因素。对企业财务管理环境的分析和判断，可以帮助企业提高市场适应力，及时进行准确有效的决策，更好地实现企业财务管理目标。

企业财务管理环境，按其存在的空间，可分为内部财务环境和外部财务环境。内部财务环境主要包括企业资本实力情况、生产条件、技术水平、经营管理能力和决策人员的素质等几个方面。这些内部的财务环境都存在于企业内部，因此，企业通过调整管理措施，施加一些决策的影响，可以将内部财务环境限制在可控制的范围内；而外部的财务环境存在于企业之外，不论是国家政策措施方面、市场波动方面，还是消费市场等方面，企业都无法对其进行把控，所能做的只有适应和顺势而为。因此，本节着重介绍外部财务环境，影响企业外部财务环境的因素有很多，主要有法律环境、经济环境和金融市场环境等因素，如图1-9所示。

```
                                            ┌─────────────┐
                                          ┌─│  企业组织法  │
                                          │ └─────────────┘
                                          │ ┌─────────────┐
                              ┌────────┐  ├─│  税收法规    │
                            ┌─│ 法律环境│──┤ └─────────────┘
                            │ └────────┘  │ ┌─────────────┐
                            │             ├─│  财务法规    │
                            │             │ └─────────────┘
                            │             │ ┌─────────────┐
                            │             └─│  其他法规    │
                            │               └─────────────┘
                            │               ┌───────────────┐
                            │             ┌─│ 宏观经济调控政策│
                            │             │ └───────────────┘
                            │             │ ┌─────────────┐
┌──────────────────┐        │ ┌────────┐  ├─│ 经济发展状况 │
│ 财务管理的外部环境│────────┼─│ 经济环境│──┤ └─────────────┘
└──────────────────┘        │ └────────┘  │ ┌─────────────┐
                            │             ├─│  经济结构    │
                            │             │ └─────────────┘
                            │             │ ┌─────────────┐
                            │             └─│ 经济管理体制 │
                            │               └─────────────┘
                            │               ┌───────────────┐
                            │             ┌─│ 金融市场的分类 │
                            │             │ └───────────────┘
                            │             │ ┌─────────────────┐
                            │ ┌──────────┐├─│金融市场与企业财务活动│
                            └─│金融市场环境│┤ └─────────────────┘
                              └──────────┘│ ┌─────────────┐
                                          ├─│ 主要的金融机构│
                                          │ └─────────────┘
                                          │ ┌─────────────┐
                                          └─│ 金融市场利率 │
                                            └─────────────┘
```

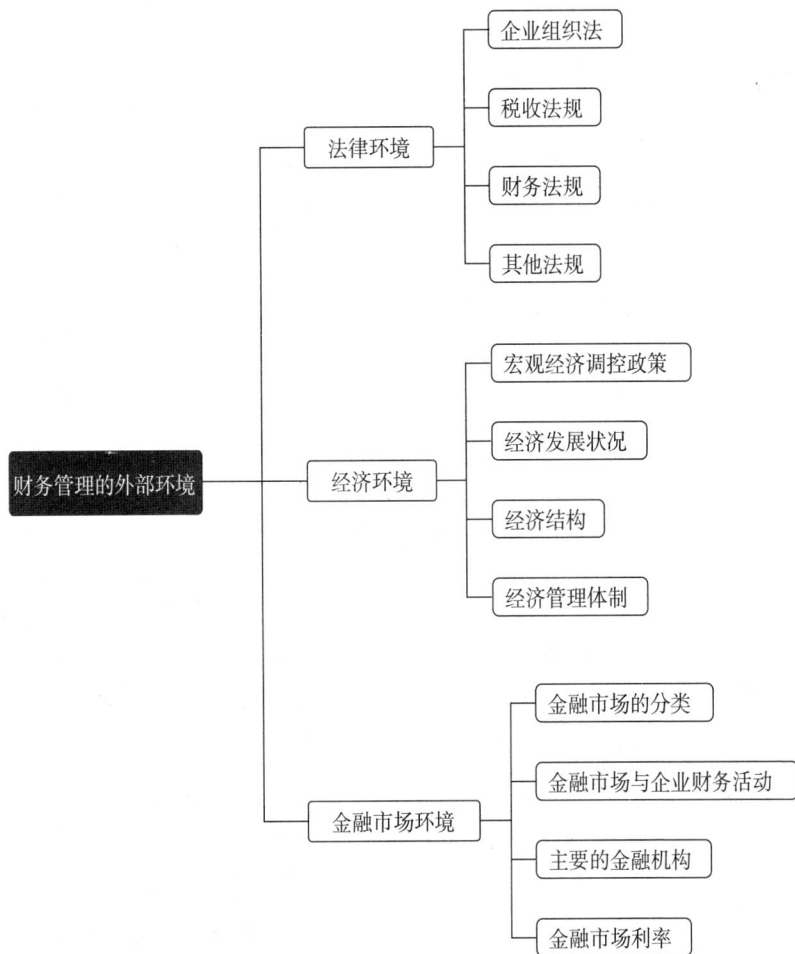

图 1-9　财务管理外部环境因素图

由图 1-9 可以看出，法律环境、经济环境、金融市场环境都属于企业外部的环境，都属于宏观因素范畴。这些影响因素有的直接影响企业的财务管理，如企业组织法、税收法规、财务法规等；而有些因素则以间接的方式影响企业的财务管理，如宏观经济调控政策、经济结构、金融市场利率等。企业财务管理的外部环境不管是在短期内，还是在一个较长的时期内，都会或多或少地影响企业财务管理的工作内容。下面对三方面环境因素进行详细阐述。

一、法律环境

财务管理的法律环境指的是企业和外部发生经济关系时，应当遵守的各种法律、法规和规章。市场经济是法治经济，企业的一切经济活动都要在一定的法律规范范围内开展。一方面，法律提出了企业从事一切经济活动所必须遵守的规范，从而限制并约束企业的经济行为；另一方面，法律也保护企业在合法条件下开展各种经济活动。企业在财务管理中应遵循以下法律法规。

（一）企业组织法

企业是市场经济活动中的主体，不同的法律适用于不同组织形式的企业。按照国际市场惯例，企业可划分为公司制企业、合伙企业和独资企业。每一个国家或地区都有相关的法律来规范企业的生产经营行为。因此，不同组织形式的企业在进行财务管理时，必须清楚地明晰其企业组织形式对财务管理产生的各种影响，从而根据自身情况进行相应的判断和调整。

（二）税收法规

税法的总称是税收法律制度，是调整税收征纳关系的法律规范。与企业相关联的税种通常有五类，如图1-10所示。

企业相关的税法涉及企业生产经营活动的各个方面的工作内容。其中需要说明的是，新的《中华人民共和国企业所得税法》颁布于2008年，从企业长期发展的角度来看，新税法对企业主要有五方面积极的影响：一是有利于提高企业的投资营商能力；二是使内外资企业可以在公平公正的市场环境中经营；三是有助于提高国内企业在国际市场上的竞争力；四是可以帮助企业提高自主创新的能力；五是有助于吸引优质高效的外资参与国内投资。

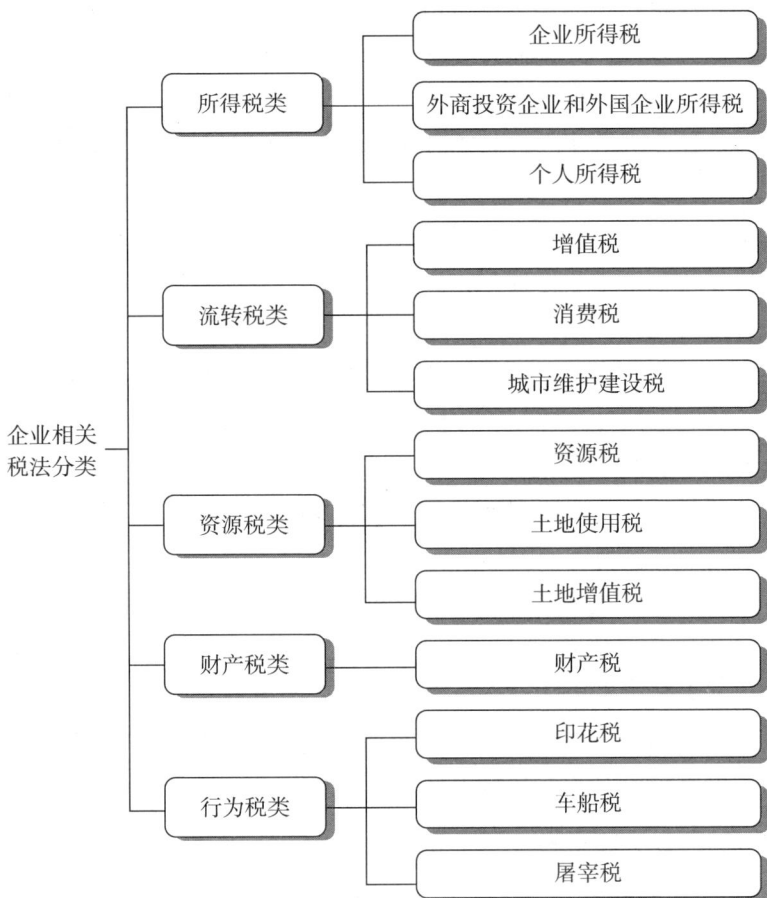

图 1-10　企业相关税法分类图

（三）财务法规

企业财务法规制度是企业财务活动规范性的制度，它是协调企业财务关系的法令文件。国内现有的企业财务管理法规制度有《企业财务通则》等。

（四）其他法规

其他相关的法规有《中华人民共和国票据法》《中华人民共和国证券法》等。

法律环境对企业财务管理的影响和制约作用主要表现在以下三个方面。

（1）国家法律规定了在筹资活动中的筹资结构和最低筹资规模。例如，《中华人民共和国公司法》（以下简称《公司法》）规定股份有限公司注册资本的最低限额为人民币 500 万元，同时规定了筹资的基本流程和前提条件，对公司发行股票和债券的条件也进行了明确的规定。

（2）国家相关法律规定了投资活动中投资的条件和方式。比如，《公司法》规定股份公司的发起人可以用货币资金出资，也可以用其他形式，如土地使用权、非专利技术、工业产权或实物，将其折算成货币价格进行出资。同时，法律规定了投资的基本流程、投资方向和投资者的出资期限及违约责任。此外，企业在进行证券投资时，必须按照《中华人民共和国证券法》所规定的程序进行，企业投资要顺应国家的产业政策方向，遵照公平竞争的原则。

（3）在企业财务分配过程中，国家相关法律规定了企业成本开支的标准和范围，企业应缴纳的税种及其计算方法，利润分配的对象、条件和一般程序等内容。在企业生产经营中，国家的相关法律法规也会对财务管理活动产生影响。因此，企业必须时时关注国家法律法规的最新动向，及时获取相关信息，以便于企业进行及时调整。

二、经济环境

社会经济环境包括宏观经济调控政策、经济发展状况、经济结构、经济管理体制等方面，财务管理这种微观管理的活动受以上这些因素的影响[1]。

（一）宏观经济调控政策

政府对国家宏观经济的发展具有调控的职能。在一定阶段内，政府为了统筹国家经济的发展，一般通过财税、金融、计划等手段，对国民经济总体的运行机制，以及子系统的运行出台一些详细的举措。这些宏观经济调控政策对企业财务管理有着直接的影响，企业必须依据国家经济政策来发展，否则会受到一定的限制。例如，国家采取宽松的货币政策时，会给企业带来大量的现金流量，现金流入增加，资金充裕，投资放宽，刺激企业的生产经营活动。这时的资金使用成本也较低，企业可以借此机会加大投资力度，扩大产能，充分利用有利的政策形势。

（二）经济发展状况

一个国家的经济发展并非一成不变、平稳向前的，而通常呈现出在震荡中前进、在螺旋中上升的态势。当经济发展处于繁荣发展阶段时，经济增速较快，社会需求增加，大众的消费能力旺盛，企业的销售额会有明显的提升。企业可以借此机会扩大产能，加大投资力度，这就需要筹措大量资金用于自身的发展和业务的扩张；当经济发展处于下行阶段时，社会经济发展的速度放缓，

---

[1] 郑俊生.企业战略管理 [M].北京理工大学出版社，2020：114.

消费者的购买力下降，社会总需求减少，这时，企业的销量会下滑，投资规模也会急剧减少，资金甚至断档，企业的生产资料大部分处于闲置状态，财务的管理和运行面临很大的挑战。此外，通货膨胀对企业财务管理也有着直接的不利影响，这主要表现在银行利率的上升，企业筹资的成本增大，企业负担加重，流动资金被占用的比例提高，企业利润不正常的虚高造成虚假繁荣等。因此，企业在进行财务分析时，应当考虑到这一因素的干扰。

（三）经济结构

经济结构通常是指从多个维度考察社会生产和再生产的构成，其包括技术结构、产业结构、地区结构、分配结构等。经济结构对企业财务活动的影响主要体现在产业结构层面上。首先，产业结构在很大程度上影响甚至决定着财务管理的方式，不同类别的产业对投资规模、资本结构的要求不尽相同；其次，财务管理要根据产业结构的调整，进行相应的调整和改变，以顺应社会发展的趋势，不可逆势而为。

（四）经济管理体制

经济管理体制，指的是在社会制度下，生产关系的具体形式以及管理、组织和调节国民经济的制度、体系和方法的总称。具体来说，经济管理体制可分为宏观经济管理体制与微观经济管理体制。宏观经济管理体制对企业财务管理行为的影响，主要表现在：企业必须在宏观经济管理体制的约束下，其财务管理的方法和手段、财务预算和决策等方面的工作必须与宏观经济管理的标准保持一致；微观经济管理体制反映的是企业的管理体制，企业与股东、政府之间的经济关系。微观经济管理体制同样受宏观经济体制影响，两者共同作用到企业的财务管理上，表现为企业如何处理其与政府和股东之间的财务关系。

三、金融市场环境

金融市场环境也可称作金融环境，金融环境是指在一定的金融体系和制度下，影响一个国家或地区经济主体活动的各种因素的集合。金融市场环境对企业筹资、投资和盈利分配等财务活动有着最为直接的影响，是影响公司财务管理最直接的环境之一，是财务人员必须熟知的内容。金融市场环境所涉及的内容有：金融市场的分类、金融市场与企业财务活动、主要的金融机构、金融市场利率四部分内容。

金融市场是资金供给者与资金需求者实现货币和资金融通、办理各种票据交换、进行有价证券交易活动的总称。金融市场是企业财务管理的直接环境，它不仅为企业筹资和投资提供了场所，而且促进了资本的合理流动和优化配置。

（一）金融市场的分类

金融市场有以下四种分类方式。

（1）按交易的期限，可以分为长期资金市场和短期资金市场。长期资金市场是指1年以上期限的债券和股票交易市场。因为发行的债券或股票大多用来购置固定资产等资本货物，故也称为资本市场；短期资金市场指的是1年以内期限的资金交易市场。由于短期有价证券易于兑换成货币，或者直接作为货币使用，所以也称为货币市场。

（2）按交易的性质，可分为流通市场和发行市场。流通市场也就是所谓的次级市场或是二级市场，是指从事已上市的旧的票据或证券等金融产品交易买卖的市场；发行市场也称为初级市场或是一级市场，是指从事新票据和证券等金融产品交易买卖的市场，例如，人们经常提到的上海证券交易所、深圳证券交易所等。

（3）按交易的直接对象，可分为同业拆借市场、国债市场、股票市场以及金融期货市场等。

（4）按交割的时间，可分为期货市场和现货市场。期货市场是指买卖双方达成交易后，约定在未来的某一时间点进行交割的交易市场；现货市场指的是买卖双方达成交易后，当时或是在未来几日内买方付款、卖方交出证券的交易市场。

（二）金融市场与企业财务活动

企业生产经营所需要的资金，除一部分来自企业所有者和债权人外，其余大部分都要从金融市场中取得。金融政策的调整会对企业的筹资和投资产生直接的影响，因此，金融市场环境是企业最主要的环境因素。它对企业财务活动有以下三方面的影响。

1.金融市场为企业提供了良好的投融资平台

当企业在生产经营中需要资金时，可以通过金融市场的渠道，以适合企业自身情况的方式拿到所需资金；而当企业资金宽裕时，又可以将多余资金放到金融市场中，以获取收益。金融市场在这一过程中起到资金重新配置的作用。

2.金融市场便于企业长短期资金相互转化

企业可以通过金融市场将长期资金如债券、股票等金融凭证变现，从而转为短期资金；反之，企业也可以通过金融市场来交易债券或股票等金融凭证，将短期资金转化为长期资金。

3. 金融市场为企业管理提供有效信息

金融市场的利率或股份的变动情况可以反映出市场上的资金供给情况，股票市场的行情可以反映出投资人对企业经营状况的评价，以及市场对企业发展的认可度，这些都是企业制定发展决策和财务管理制度的重要信息来源。

（三）国内主要的金融机构

国内主要金融机构的分类如图 1-11 所示。

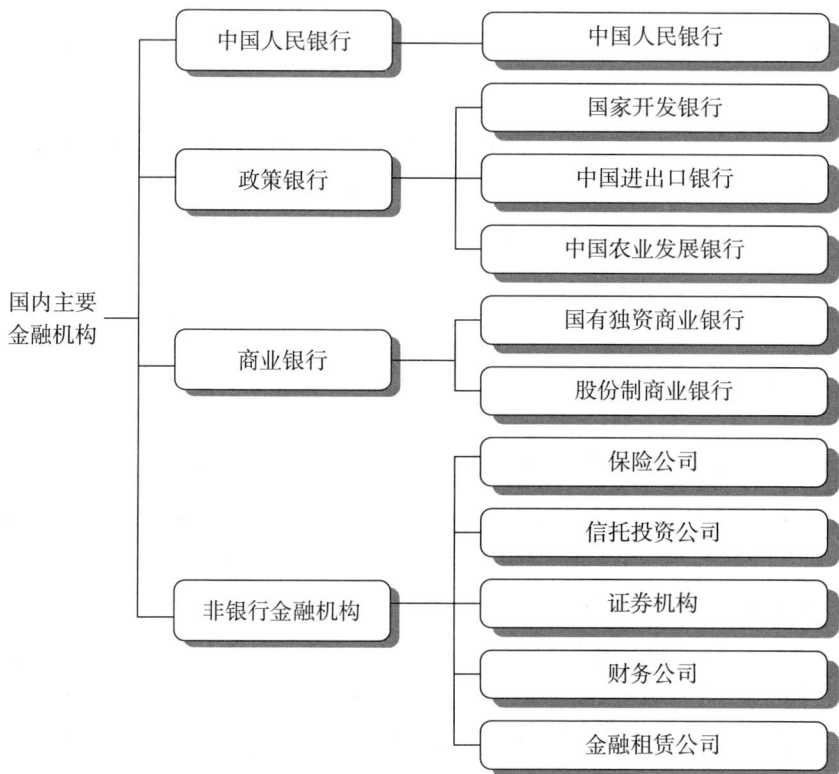

图 1-11　国内主要金融机构分类图

国内主要金融机构以国家和商业银行为主，其他非银行金融机构为辅。其中需要说明的是，中国人民银行是我国的中央银行，代表政府管理着全国金融机构和金融交易活动，管理国库；政策银行是由政府设立的，目的是贯彻国家产业政策或区域发展政策，是非营利机构。

（四）金融市场利率

在金融市场上，利率是资金使用权的价格，其计算公式为：

$$利率 = 纯利率 + 通货膨胀附加率 + 风险附加率 \tag{1-1}$$

纯利率是指没有市场风险和通货膨胀情况下的平均利率。在没有通货膨胀时，国债的利率等同于纯利率。

通货膨胀附加率是由于通货膨胀会使货币的购买力降低，因此，为了弥补购买力的损失，而在纯利率的基础上，加上通货膨胀附加率。

风险附加率是因为存在期限风险、流动性风险和违约风险，而要求在纯利率和通货膨胀以外附加的利率。其中，期限风险附加率是指，为了弥补因偿债期限较长而带来的风险，由债权人要求附加的利率。

第二章　会计工作

第一节　会计工作概述

会计工作的基本环节是会计基础工作，它也是经济管理工作的重要基础。会计工作的内容包括建立会计人员岗位责任制、使用会计科目、填制会计凭证、登记会计账簿、编制会计报表、管理会计档案、办理会计交接等方面。

一、会计工作的分类

会计通常可以分为财务会计和管理会计。

（一）财务会计

财务会计是一项经济管理活动。它对一切与企业资金相关的经济活动进行统计和监督，其主要的工作内容是为与企业经济利益相关的各方，如政府相关部门、投资者、债权人和债务人等，提供企业生产运营情况的专业数据。财务会计可为企业自身或投资者等提供基础财务数据，属于财务管理的源头岗位，因此，其重要性不言而喻。

（二）管理会计

管理会计是成本管理会计的简称。它是企业会计的一个分支，其是从传统的会计系统中分离出来的，与财务会计并列，着重为企业提供最优决策，帮助企业改善经营管理，以提高企业经济效益。管理会计根据企业实际的管理状况编制计划、进行决策、控制经济活动，记录并分析经济业务，采集并上报管理信息，直接参与企业决策控制过程。

二、会计工作的目标

会计工作的目标是向使用会计报告的相关人员提供企业财务状况、生产经营的收益情况以及现金流量等相关的会计信息。会计工作主要围绕企业资金账目以及资产账目的登记、编制报表和管理会计数据档案等内容来进行，主要针对资产负债表和利润表两项工作开展，在进行以上的工作时，还要遵循十三条原则，只有这样，会计工作才能够科学、系统、全面且有效地落地实施。

第二节　会计工作的内容

本节对会计工作的内容进行详细阐述，主要以时间和工作流程顺序来展开说明，因此，可以全面进一步认识会计工作内容的流程，以及会计工作的侧重点。本节将从七个方面对会计工作的内容进行逐一阐述：首先，从会计人员的岗位职责开始，点明会计岗位在财务管理中的重要性；其次，介绍针对会计要素进行分类核算的会计科目；再次，讲述会计工作通常所涉及的填制记账凭证、登记会计账簿、编制会计报表以及管理会计档案这四项主要工作；最后，介绍会计交接工作的相关内容以及需要注意的事项。如图 2-1 所示。

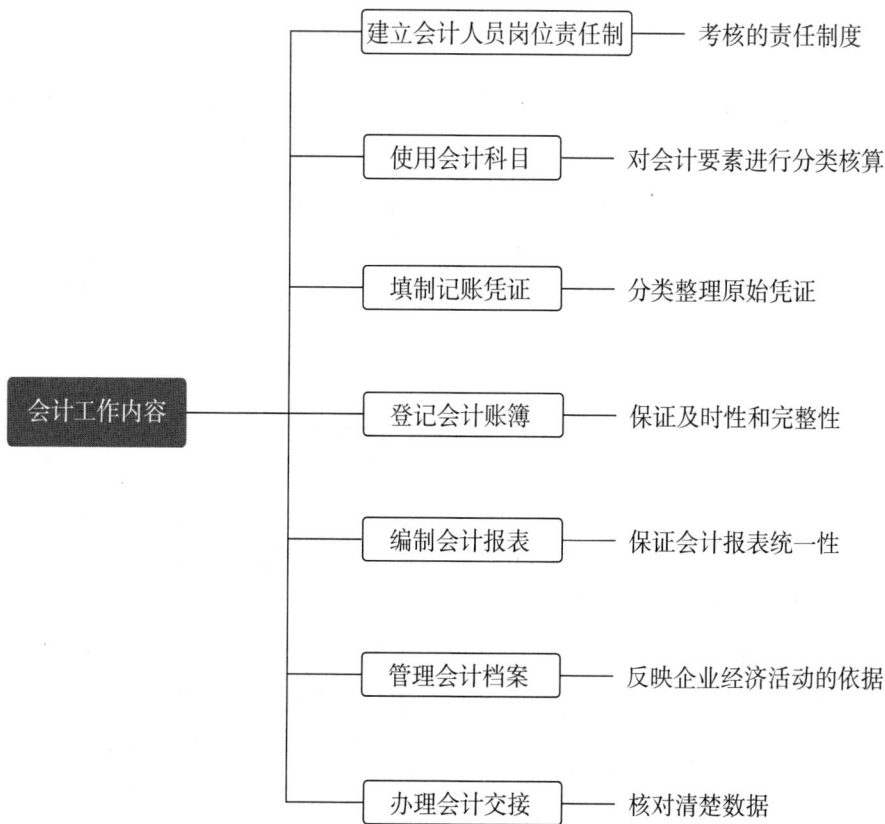

图 2-1　会计工作内容图

一、建立会计人员岗位责任制

会计人员岗位责任制是一种考核会计人员的责任制度，它是在会计机构内部，按照会计工作的内容要求和会计人员的配置情况，将会计机构内部的会计工作分配到各个岗位，并按岗位职责的规定进行考核[①]。其中，会计人员岗位主要设有机构负责人（财务科长）、出纳岗位、财产物资核算岗位、工资核算岗位、成本费用核算岗位、财务成果核算岗位、往来结算岗位、总账报表岗位、稽核岗位和档案管理岗位。

以财务科长这一岗位为例。财务科长主要负责企业内部的财务会计工作，组织制定本企业的财务会计制度及核算办法，并督促部门员工贯彻落实。财务

---

① 梁雯，李桂梅，柳春岩 . 会计学原理 [M]. 大连：东北财经大学出版社，2015：214.

科长要经常性地对固定资金和流动资金进行审核，加大对资金的管理力度，提高资金的利用率，以企业利益和社会效益为核心，制定相关会计制度。

二、使用会计科目

所谓会计科目，就是对会计要素的具体内容进行分类核算的项目[①]。会计对象的具体内容和管理要求各不相同，按照各项会计对象分别设置会计科目，可以系统、全面、分类地核算和监督各项经济业务的情况，以及由此而引起的各项资产、负债、所有者权益和损益的增减变动。使用会计科目时，要严格把控资料的审核；记账要做到及时性和精准性；公司财务收支情况要公开透明；需要年终记账的公司要对报账清单、账务报表、预决算表和公司影像资料等进行分类整理；公司应指派人员对公司记账实施全程监督管理，定期或不定期进行抽查和检查，可实行百分制考核。

三、填制记账凭证

记账凭证是指记录企业进行的经济业务或是完成的经济业务情况的书面证明，它是登记账簿的依据。填制记账凭证是会计核算工作的关键环节，它对原始凭证进行分类和整理，并按照复式记账的规范要求，使用会计科目，确定会计分录，为登记账簿做前期准备。填制记账凭证能使记账更为清晰、有条理，既可以提高记账工作的质量，也可以简化记账工作，提高核算的效率。

其中提到的复式记账，是指以资产和权益平衡关系作为记账基础的记账方法。对于每一项经济项目，都要以同等的金额在两个或两个以上相互联系的账户中进行登记，以便系统、全面地反映资金往来变化的结果。

四、登记会计账簿

登记会计账簿是根据会计记账凭证，在账簿上系统、连续、完整地记录交易等相关事项的一种会计工作方法。按记账的方法和程序登记会计账簿，并定期进行结账和对账，可以保证会计数据资料的完整性和系统性，同时为编制会计报表提供准确和完整的依据。登记账簿也是会计核算工作的重要环节，它依据审核无问题的记账凭证和原始凭证，按国家统一会计制度规定的会计科目，同时运用复式记账法将企业经济活动有序地、分门别类地登记到账簿中。登记

---

① 王峰，高楚云，周宇霞，等.会计学基础[M].北京：电子工业出版社，2017.

会计账簿时还应注意要保证账簿登记的及时性和完整性；账簿登记要按编定好的页码顺序连续进行登记，不得出现缺页、漏页现象；登记会计账簿时，书写要规范，要保证页面的整洁清楚，没有涂抹迹象；登记账簿时，应当使用便捷符号，以提高记账的效率。

五、编制会计报表

编制会计报表是会计核算的一种专门方法，也是会计工作的一项主要内容。它将一定时期内企业、事业单位、行政单位等的财务情况或经营成果，集中地反映在一定格式的表格中。会计必须使用"通用格式"的账务报告或会计报表，以便于企业或单位中其他部门及时、全面地了解会计单位的账务信息。通过会计报表，可以了解和掌握企业在一定时期内的资金来源和使用情况。此外，会计报表可以直观地展现企业日常经营管理工作的成绩和问题，从而便于企业制定相应对策，以提高企业的经济效益，还可以为编制下个月或是下一年度的财务计划提供可靠的依据。在国内，会计报表的格式、内容、编制方法和时间，均由统一的会计报表制度所规定，企业应当按统一的规定，准确、完整并且及时地编制各种会计报表，以保证企业会计报表可以在国民经济统计时进行综合汇总以及分析使用。

六、管理会计档案

会计档案包括会计账簿、会计凭证和财务报告等会计核算的相关资料，是反映企业或事业单位经济活动变动情况的重要原始资料和证据，属于企业的重要经济档案。它也是检查企事业单位已发生的经济活动的重要依据，是国家档案的重要部分。为了加强会计档案管理，有效地保护和利用会计档案，2015年12月11日，中华人民共和国财政部、国家档案局发布修订后的《会计档案管理办法》，并从2016年1月1日起施行。

会计档案是会计工作中产生的资料，是对企业经济活动重要数据的记录和反映，其有以下四点重要表现。

（1）会计档案是揭露责任事故、打击经济活动犯罪、总结经验和分析与明确事故原因的重要依据。

（2）通过会计档案中提供的企业经济活动的历史资料，企业可以进行经济预测、制定企业经营决策、编制财务和成本计划等。

（3）会计档案提供的数据资料，可以在解决经济纠纷和处理经济事务时提供可靠有力的依据。

（4）企业会计档案的数据还可以为经济学的研究提供重要的史料参考，为国家宏观政策的制定提供重要的基础数据。

七、办理会计交接

会计人员向企业或事业单位提出工作调动或申请离职时，应当提前告知所在企业或单位，并向所在企业或单位提出会计交接申请，以便企业安排其他会计人员接替其会计工作。企业应先确认调动工作或离职的会计人员已完成会计交接工作，而后再批准其调动工作或离职申请。会计交接申请的内容通常包括申请人姓名、申请调动工作或离职的理由、调动或离职的时间、有无重大报告事项、会计交接具体事宜以及建议等。会计交接的内容包括会计凭证、会计报表和报表附注、会计文件、会计工具、会计账簿、会计印章以及其他相关资料如文书档案、会议记录簿、土地登记簿等。实行会计电算化管理的企业，会计交接时还应当移交数据磁盘、会计软件以及相关会计资料。

在办理会计交接时，应当注意以下几点事项。

（1）会计交接表要书写清楚，字迹整齐清晰，没有涂抹迹象，并确保会计交接表上的内容与事实相符。

（2）要做到"四个相符"：发票本数与事实相符；企业账目与银行账目相符；现实数据和实际经济往来相符；保管账目与实际经济活动相符。发票要清点仔细，仓库以及固定资产要全面盘点，不得有出入。

（3）企业经营过程中的往来账目要相互核对清楚；同时，个人的账目也要核对清楚，不得有遗漏。

总而言之，会计交接工作一定要细致谨慎，不要怕烦琐，每一个数据都要核对清楚，接任会计对接手的所有账目、会计数据和资料都要一一核对。在会计交接完成后，前任会计就没有任何责任，之后会计工作中出现任何问题都要由新接任的会计负责。会计工作交接完成后，移交人、交接人和监交人都应在会计移交清单上签名或盖章。

第三节　会计工作的要素

会计要素是针对会计对象所做的基本分类，是反映会计主体财务状况以及经营成果的基本单位[①]。会计工作要素是指会计对象的构成情况，是按照交易的经济活动特征或经济性质进行的基本分类。它是会计核算和监督的具体对象和相应内容，是构成会计对象具体内容的主要因素，也是构成会计报表的基本要素，如图 2-2 所示。

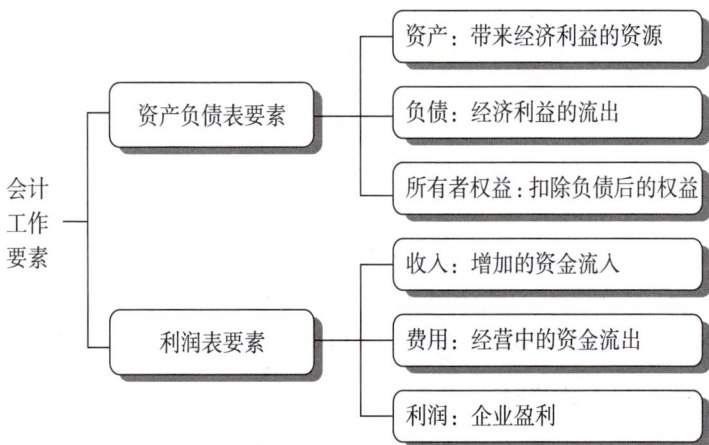

图 2-2　会计工作要素图

由图 2-2 可以看出，会计工作要素主要分为资产负债表要素和利润表要素。《企业会计准则》将会计工作要素分为资产、负债、所有者权益（股东权益）、收入、费用（成本）和利润。其中，资产、负债和所有者权益三项会计要素主要反映企业的财务状况，因此，构成资产负债表要素；而收入、费用和利润三项会计要素主要反映企业的经营状况和经营成果，因此，构成利润表要素。

一、资产负债表要素

资产负债表要素包括资产、负债和所有者权益，这三项可以反映企业整体的财务状况。简单来说，它们三者之间的关系是"资产 = 负债 + 所有者权益"。

---

① 陈国辉，迟旭升 . 基础会计 [M]. 沈阳：东北财经大学出版社，2018.

（一）资产

资产指的是可以给企业带来经济利益的资源，它在企业历史交易或经济活动中形成，归企业自身拥有和控制。资产通常可以分为流动资产和非流动资产。其中，流动资产指的是可以在一年或是超过一年的一个经营周期内变现或者耗用的资产，包括存货、应收和预付款项、银行存款等；非流动资产指的是在一年或是超过一年的一个经营周期以上的时间中才能变现或是耗用的资产，包括固定资产和无形资产等。企业的房屋、仓库的货物、机器设备、运输工具等都属于企业的资产。

此外，根据目标的不同，资产也可划分为金融资产和非金融资产、货币性资产和非货币性资产等类别。

改革开放初期的企业，其资产通常为固定资产，占用企业的流动资金较多，因自身缺乏自主性和自由度，而不能快速地得到发展，因此，企业通常只能稳步地提高自身的增长率。经过一段时期的摸索和发展，企业逐步减少自身固定资产的比例。如此一来，企业的流动资产相应地增加，因而企业可以进一步地扩大再生产，采购生产资料，购买原材料，增加人力资源等，企业得到更大的发展空间，自身整体的效益也得到了提高。

（二）负债

负债属于企业经济活动中的一项义务，它是企业在历史交易中或是生产经营中形成的，企业的资金预期为净流出。负债通常可分为两类，流动负债和非流动负债。前者的债务时限为小于或等于一年，如短期借款等款项；后者的债务时限为一年以上，如长期借款等。

此外，与负债相关的经济利益也有可能从企业流出，用预期流出的经济利益的金额可以较准确地计量得出。

企业为扩大自身发展，不可避免地会通过各种渠道进行融资，因而产生负债，但只要企业能够有效地把控融资成本，就不会对自身的发展产生不利的影响。

（三）所有者权益

所有者权益是指企业的资产在扣除负债之后，所有者所剩余的权益或是利益。所有者权益包括所有者投入的资本、留存收益、直接计入所有者权益的收益和损失等，通常由实收资本、资本公积、盈余公积和未分配利润构成。

负债和所有者权益是企业资本的来源。因而，企业应当最大限度地维护所有者的权益，保障所有者的收益，当然，这要在不损害社会利益的前提下展开。企业要想长远发展，需要自负盈亏，因此，要先保证自身的正常运转，与此同时，参与社会公益，履行社会责任。

二、利润表要素

企业利润表要素包含收入、费用以及利润三项，它们主要反映企业的经营状况和经营成果。企业如何控制这三项要素的比例，对于企业自身的发展来说是一件至关重要的事情。换句话说，企业生产经营的一切事项都离不开利润表的三个要素。同时，利润表要素也是企业自身运转是否良好的"体温计"和"晴雨表"，利润表要素数据是大数据时代为企业数字化管理提供数据支持的原始依据。下文将对利润表三要素进行详细分析。

（一）收入

收入指的是企业在经济活动中形成的，可使所有者权益增加的资金总注入，这部分资金与所有者投入的资金没有关系。按企业从事经济活动的性质，可将收入分为销售商品收入、建造合同收入、提供劳务收入等；按企业经营活动的重要性，可将收入分为主营业务收入和其他业务收入。

企业从事生产经营活动的主要目标就是不断增加企业收入，这是企业维持自身经营的基石。企业只有具有稳定持续的收入，才能进行其他生产经营活动，才可以抵御各种市场或是政策的风险，才有可能维持其长远发展。除此之外，企业在融资的时候，才有可能更容易地拿到扩大再生产的资金。

（二）费用

费用指的是企业在生产经营活动中形成的资金总流出，其会引起所有者权益减少，但其资金的减少与所有者利润分配无关。费用是企业为了获得更多的收入而付出的相应"代价"。

企业应当在保证其正常运转的前提下，尽可能地减少费用支出，以最少的费用来获得最大的收益。会计工作中的一项工作就是统计和分析企业资金的流出占企业资产的比例，并提出相应建议来改善经营活动中费用的占比，这也是间接增加企业利润的一种方式。其中，企业可削减的费用有不必要的差旅费、通信费、应酬费、办公费，或是效果不明显的广告宣传费用，或是通过集采的方式来降低企业采购生产资料的费用等。

（三）利润

利润是企业的经营成果，是企业经营效果的综合反映，也是其最终成果的具体体现[1]。企业为社会和市场生产优质的商品，获得相应的利润，利润在质和量上都与剩余价值等同。它们两者之间的区别是，剩余价值是针对可变资本来说的，而利润是针对全部成本来说的。因此，收益一旦转化为利润，利润的起源以及它所反映的物质生产就被赚了[2]。

利润有以下两个特性。

（1）利润具有神秘性。利润是资本的生命和根本，它可以扩大商品的再生产，提高企业的生产效率，也是社会发展进步的动力源泉。

（2）利润具有分割性。随着信用制度的发展，企业不仅使用自有资本来生产经营，还大量借入资本，借入资本就需要支付相应的利息，因此，企业利润就分割为利息和所有者的收入。

总而言之，利润是企业的生命线，而企业从事一切生产经营活动的最终目的就是获取最大利润。企业家创办企业的初衷也是为了获得超额的利润，资本所追逐的是利润的最大化。

本节所介绍的会计要素划分，在会计核算中发挥着重要的作用，具体表现在以下三个方面。

（1）会计要素是对会计对象的一种科学分类方式。会计对象的内容复杂繁多，想要清楚准确地对其进行梳理和管理，则必须对其进行科学系统的分类，而后按其类别设置账户，并登记到账簿。若没有这种分类方法就不能登记账簿，也就不能落实会计反映经济活动的职能。

（2）会计要素是设置会计科目的会计账户的基础依据。对会计对象进行分类，首先要确定分类标志，这些分类标志就是账户的名称，也就是会计科目。然后，将会计对象划分为会计要素，就可以设置会计账户，进而进行会计核算。

（3）会计要素为编制会计报表奠定了重要基础。会计要素是构成会计报表的基本框架，而会计报表提供了最基本的会计信息，因此，其提供的一系列指标主要是由会计要素构成，所以说，会计要素是编制会计报表的基础。

---

[1] 冯俊华.企业管理概论[M].北京：化学工业出版社，2006.

[2] 中共中央马克思恩格斯列宁斯大林著作编译局.马克思恩格斯全集（第25卷）[M].北京：人民出版社，2016:56.

第四节　会计工作的原则

本章第二、三两节分别介绍了会计工作的基本内容和要素，在正式开展会计工作时，相关会计工作人员应当遵循相应的工作原则，并以此为指引，让企业的会计工作在合理、有序、科学的范围内顺利进行。会计工作原则涉及十三个方面内容，如图 2-3 所示。

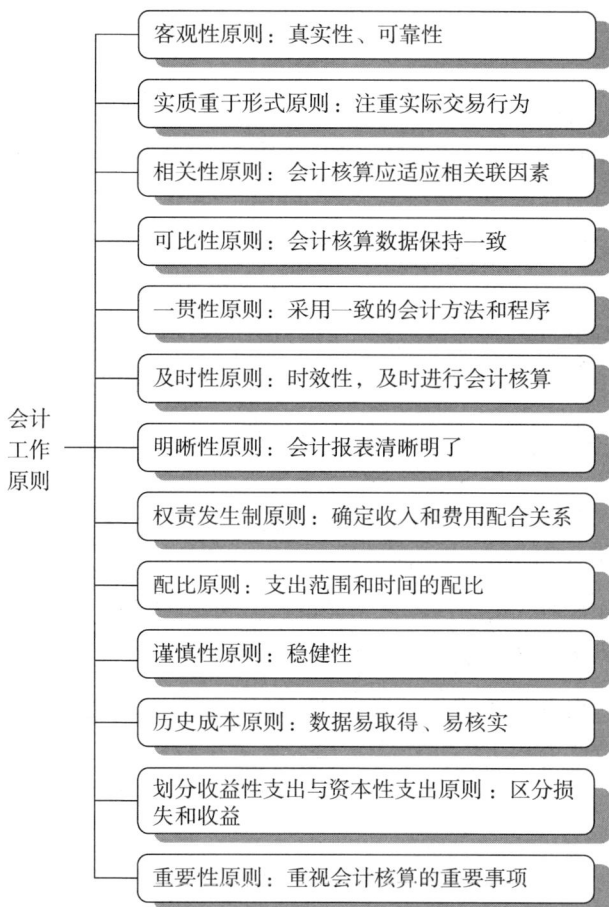

会计工作原则

- 客观性原则：真实性、可靠性
- 实质重于形式原则：注重实际交易行为
- 相关性原则：会计核算应适应相关联因素
- 可比性原则：会计核算数据保持一致
- 一贯性原则：采用一致的会计方法和程序
- 及时性原则：时效性，及时进行会计核算
- 明晰性原则：会计报表清晰明了
- 权责发生制原则：确定收入和费用配合关系
- 配比原则：支出范围和时间的配比
- 谨慎性原则：稳健性
- 历史成本原则：数据易取得、易核实
- 划分收益性支出与资本性支出原则：区分损失和收益
- 重要性原则：重视会计核算的重要事项

图 2-3　会计工作原则图

会计数据是会计从会计事项处理中，以"单、证、账、表"等形式表现的各种未曾加工的数字、字母与特殊符号的集合。会计数据的收集和汇总，要保

证其真实性和可靠性；会计进行数据核算时，要保持一致的可比性原则；编制会计报表时，要坚持明晰性原则。会计数据贯穿会计工作的始终，是会计工作的核心对象，而会计工作原则均围绕会计数据开展。下文将针对会计工作这几项原则进行详细阐述。

一、客观性原则

会计的客观性原则是用来衡量会计记录和会计报告是否真实、客观地反映经济活动的一项重要原则。这一原则要求会计应当以企业实际发生的经济业务为依据，如实地反映其经营和财务状况。会计工作的客观性包括两个含义：真实性和可靠性。

真实性是指企业所反映的数据结果要与企业实际的财务情况和经营成果相统一[①]。企业的会计记录或会计报告，登记账簿到编制会计报表的整个过程都不允许弄虚作假。只有保证会计资料和数据的真实性，才能真正反映企业的生产经营活动。会计必须根据审核之后没有问题的原始会计凭证，通过专业严谨的方法进行记账、报账等，以保证所提供的会计数据完整、真实、可靠。

可靠性是指企业应以生产经营中实际发生的交易和资金往来为依据，进行收集、登记、计量以及报告，并如实地反映、确认和计量各项会计要素以及其他相关信息，保证会计信息内容的真实可靠和完整性。《国际会计准则》中对会计信息的可靠性判定为，信息没有重要的错误或是偏向性，能够如实地反映企业真实的生产经营情况，同时能为企业管理者或是会计信息的使用者提供参考依据。其中，没有重要的错误是指没有技术上的重大错误；没有偏向性是指处理会计信息时，立场要保持中立，不得加入个人感情成分，不得主观地对会计信息进行有意的取舍或修改。

二、实质重于形式原则

实质重于形式原则是指企业应当按实际生产经营的交易行为或是相关事项的经营实质进行会计核算，而不只是按相应的法律形式进行会计核算。

在遵循法律规范的同时，更应当注重实际的经营情况，收集相应的生产经营数据。企业不能只从企业交易或经营事项的外在表现来进行会计核算，而是要更多地反映企业的经济实质。根据这一原则，会计信息的使用者或是企业的

---

① 葛家澍，陈元燮．中国财会大辞典 [M]．北京：中国大百科全书出版社，1993:122．

管理者可以进行科学合理的决策，让决策更贴近企业经营现状，也更能有效地解决企业自身遇到的问题。

例如，以融资租赁的形式租入使用的固定资产。虽然从法律角度看，它并不属于企业所有，但在相当长的一段租赁期中，承租企业有权获得固定资产产生的收益，并且在租赁到期时，承租企业也有优先购买的权利。因此，从本质上看，企业拥有了这项固定资产租赁期的使用权和取得收益的权利。同时，在会计核算上，也应当将租赁的固定资产算作企业的资产，这就是遵循了实质重于形式的原则。

应当注意的是，这一原则得到很好的运用有利于增强会计信息的真实可信性，但如果过度强调原则，则有可能出现会计信息难于核实，会计人员开展会计工作时，也会更易于加入个人主观意识，这不利于提高会计信息的质量和可靠性。

三、相关性原则

相关性原则是指企业会计核算提供的会计信息应当与国家宏观经济政策相适应，要满足有关单位或个人对该企业财务状况和经营状况了解的需要，也要满足企业制定自身发展政策的需要。

相关性原则，是财务会计工作的基本原则之一，指会计信息要同信息使用者所制定的经济政策相关联，即人们可以运用会计信息的数据来制定相关的经济或发展政策。会计应当尽可能地满足各方对企业会计信息的要求，会计相当于企业经营数据和会计信息的服务提供者，也是企业生产经营活动中一切数据的"中央处理器"。不管是企业自身，还是外部各个相关部门，还是其他相关的个人，都可以获得企业准确可靠的经营信息。例如，投资者通过了解企业相关信息，决定是否对这家企业进行投资或是再投资；银行或信贷公司通过了解企业的盈利能力，来判断这家企业是否有发展前景，更重要的是判断其是否有偿债能力，以决定是否对企业放贷或是进行贷款续期；税务部门要了解企业盈利或是生产的相关数据，以判断企业的纳税情况是否合理。

四、可比性原则

企业的会计核算应当按照专业的会计处理方法开展，会计指标应当自始至终保证各项数据和格式的一致性，使数据相互之间可以进行比较。

可比性原则也可以称作统一性原则，会计工作所统计的企业数据必须保证标准一致、格式相同和单位统一，以方便企业进行时间跨度上的前后对比，或是企业间的横向对比，也方便有关部门从宏观层面上统计经济数据，制定宏观政策。

需要注意的是，首先，可比性原则必须要以一致性原则为前提，并以客观性原则为基础。只有有了一致的标准，企业自身或是企业间才具有可比性；只有"车同轨"，才能"致远方"；其次，真实可靠的会计数据也未必就是可以对比的数据，这就要求不同的会计主体要尽量地采用统一的会计方法以及会计程序，并以会计准则和会计规范为依据。但有时，过度地强调可比性原则，可能会破坏会计数据的可靠性和相关性；最后，会计主体要自行公布所采用的会计方法或会计程序，并且在会计方法或会计程序发生调整或改变时，应当及时将变动的情况、变动原因和对财务状况的影响等信息，对外界进行公示。

五、一贯性原则

一贯性原则要求企业应当长期采用一致的会计方法和会计程序，并要遵循相应的会计准则和会计规范来开展会计工作。一贯性原则要求企业发展的各个时期中，都应当保持一致的会计政策，不得随意对其进行变更。如确要变更，则应当及时将变更的原因和变更对企业经营状况的影响，以及企业的财务状况等在财务报告中进行体现并加以说明。

坚持一贯性原则，不但可以提高会计信息的使用价值，而且可以避免企业通过调整会计方法来操纵企业收入、负债以及利润等会计指标的行为。企业可以在会计准则或会计制度允许的范围内选择适合自身的会计方法，但一旦企业选定了一种方法，就不能随意更换。若企业在不同的会计期间使用不同的会计核算方法，则不利于使用者对会计信息的理解，也不便于发挥会计信息的作用。这并不是说企业不能更改会计核算方法，而是必须在满足一定条件的情况下进行，并将企业的会计核算方法的调整，在企业财务会计报表中公布出来。

六、及时性原则

及时性原则是指企业应当及时进行会计核算，不得提前或是延后。企业的会计信息不但要保证其数据的真实可靠，而且要有很强的时效性。一旦会计信息过时或是因提前搜集信息而导致信息不全面，会影响之后会计信息使用者的决策或是影响其对该企业进行市场判断的准确性。因此，在及时性原则的指导下，企业会计要做到及时采集企业的相关数据，及时处理相关数据，并且还要及时报告会计信息的结果，以满足各方对于会计信息的需求。

及时性包含两个方面：一是处理会计信息的相关事项应当在会计计量的当期内进行，不能拖延或是提前；二是会计报表应当在会计周期结束后及时报送到企业有关部门。

及时性由会计信息时效性所决定，任何信息的价值都与时间有密切联系，并且从某些程度上说，会计信息的获取越及时，信息的价值就越大，而信息一旦过了时效期，就可能变得毫无价值。同时，及时性与相关性紧密相连。及时性是相关性的前提，相关联的信息如果没有时效性，就没有相关性；但及时的信息如果不相关，信息所具有的时效性也就没有意义。

应当注意的是，在会计实践中，要平衡及时性和可靠性之间的关系。但有时为了强调会计信息的时效性，可能会丧失一些信息的精确性和可靠性，中间的利弊需要会计信息使用者在决策时进行权衡。

七、明晰性原则

明晰性原则是指会计记录或者会计报表要清晰晓畅、一目了然，以便于他人理解和直接使用。会计记录或是会计报表只有能够让人直白地看懂其中的数据，不会产生误解，才能更直接地反映企业经营的实际状况和财务损益，同时能够让会计信息的使用者准确、完整地掌握企业会计信息的内容，进而做出正确的判断[①]。

明晰性原则要求会计从业者首先要有一个清晰的思路，知道如何收集信息才更为有效、及时、准确，何时收集才是最佳的时机，这就与及时性原则相关联；其次，要兼顾会计信息的相关性原则，尽可能一次性地完整收集所需的数据，因为如果进行二次收集，那么，会计数据在时间维度上就达不到统一，从而影响数据的准确性；再次，明晰性原则也暗含一个要求，会计在记录数据时，若是笔录，则应保证字迹的工整和清晰，尤其是数据，不可有连笔情况出现，要保证所登记的内容不会让会计信息使用者产生误解；最后，要明晰数据的来源和出处，知道溯源的路径和联系人。以上所涉及的内容，其最终目的就是保证会计信息的及时产生和报告明晰、清楚、准确。

八、权责发生制原则

权责发生制又称应收应付制，其中规定了企业的收入费用或支出费用应

---

① 师萍. 基础会计学：附习题及解答 [M]. 广州：华南理工大学出版社，1995:42.

当计入本期报表还是计入下期报表，而不需要考虑费用是否真实地进行了收付①。

只要不是当期的费用或是收入，不管款项已在当期收付，都不应当作为当期的费用和收入。因此，权责发生制原则是会计要素确认计量方面的要求，这是处理费用和收入在什么时间点予以确认以及确认计量多少的事项。

其中，当期收入是指凡属于当期已经实际收到的款项，会计都应在会计账簿上计入当期的收入增加；当期的费用是指凡属于当期已经发生或是企业应当承担的费用，不管企业是否已经支付了相应的款项，会计都应当在会计账簿上计入当期的费用增加。

九、配比原则

配比原则也称配合原则，是会计原则之一，具体体现在两个方面。一是支出范围的配比。企业日常各种生产经营活动中产生的支出，应当根据其性质和用途与其相对应的资金来源相匹配并得到补偿，把支出和收入相比较，以确定经营的成果。例如，与产品销售相关联的费用支出，应当用产品销售收入的资金来进行补偿；而与产品产销无关的营业外支出、专项工程支出等，应当分别从利润和各种专用基金中加以补偿。二是支出时间的配比。在一个会计期间内产生的费用支出，若属于当期产品的成本，则应计入当期的产销成本之中；若不应归属于当期的费用支出，即使已经产生或是已支付，也不能计入当期成本中。

简而言之，配比原则就是谁受益，谁负担。谁获得更多的资源或是资金，相应地产生收益或回报的概率就大；谁占有了更多的资源，就应当相应地承担更多的责任。由此可以看出，配比原则是以权责发生制为基础，并以配比原则相互作用来确定本期会计周期的损失和收益的。

十、谨慎性原则

谨慎性原则也称稳健性原则，指的是合理核算可能产生的收益和可能发生的费用，不得多计资产或是收益，而少计费用或负债②。企业的某些经济活动有几种不同的会计处理方法和会计程序可选时，在不影响会计制度和会计规范

---

① 李伯兴，王文汉 . 会计原理 [M]. 北京：中国财政经济出版社，2005:38.
② 邵瑞庆 . 会计原理 [M]. 上海：立信会计出版社，2008:45.

的前提下，应当尽可能地选择对所有者权益影响最小的会计方法和会计程序进行会计处理，认真核算可能产生的收入和费用。

会计工作谨慎性原则有其优点，也有其不足之处，如图 2-4 所示。

会计工作谨慎性原则有其显著的优点，可以帮助企业稳步健康地经营发展，有利于企业所有者的利益，也有利于企业内部的整体利益，还有利于降低企业成本，以获得更多经营收益；与此同时，谨慎性原则也存在着一些不足之处。下文将对企业会计工作的谨慎性原则进行详细阐述。

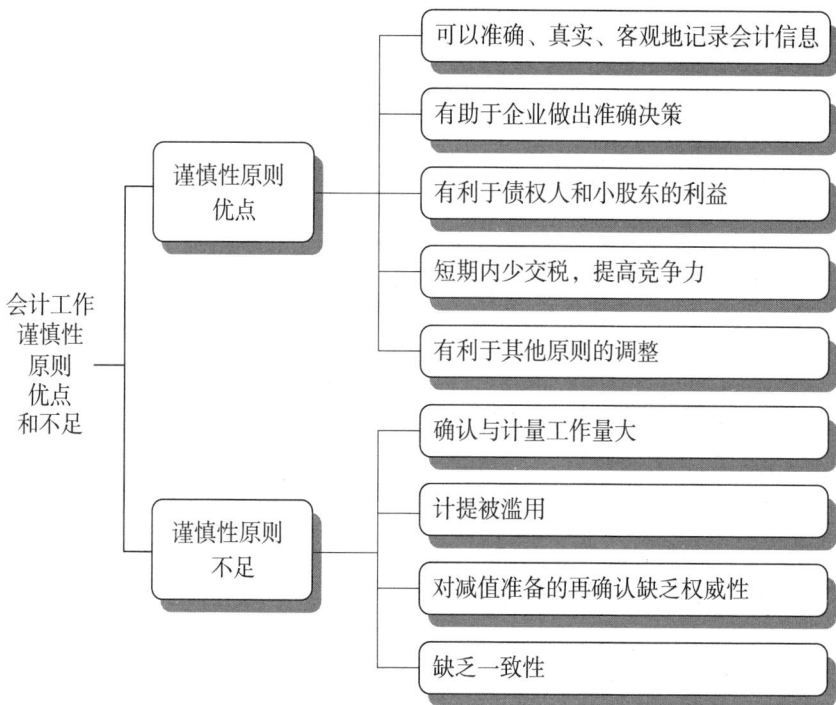

图 2-4　会计工作谨慎性原则优点和不足示意图

（一）谨慎性原则的优点

（1）谨慎性原则有利于去除企业资产和利润中不实的部分，为会计信息使用者提供更加准确且可靠的会计信息。这就要求会计信息要尽可能的准确并且如实客观地进行记录，这与会计的客观性原则相关联，同时以客观性原则为基础，以谨慎性原则为工作态度。

（2）有利于企业做出正确的经营决策，为企业的长远发展提供真实的数据支撑。尤其是在企业原始数据采集和记录阶段，信息的准确与谨慎至关重要。

如果基础数据出现问题，那么，之后的一切企业活动就没有任何意义，所做的工作也就都是徒劳。

（3）有利于维护债权人和小股东的利益。只有在核算产生的收益和费用时做到谨慎准确，所得的结论以及制定的战略才能真正产生价值，企业才能在良性经营的道路上向前发展。因此，这也符合债权人和小股东的利益。

（4）有利于企业在短时间内少交纳所得税，提高企业在市场上的竞争力。由于谨慎性原则是选择对所有者权益影响最小的会计方法和会计程序来处理会计事务，因此，也就让企业会计的工作以所有者权益为重心，宁可多计损失，也不多计收益，导致企业经营状况在纸面上看上去可能不如企业的实际情况。

（5）有利于对其他基本会计原则的适应性进行修正。这一原则要求，凡是与谨慎性原则背道而驰的其他基本原则，都要按谨慎性原则进行微调，以适应这一原则的要求。

（二）谨慎性原则的不足

（1）确认与计量的难度和工作量较大。在整理会计数据时，需要耗费大量人力和时间，同时涉及各部门间的协调与配合，这中间的沟通协调成本也是一个不容忽略的部分。

（2）计提被滥用。由于《企业会计制度》对各项资产减值准备的计提只是进行了原则性的规定，计提的标准和比例则由企业根据情况自行确定，因此，在一定程度上就为上市公司或是一般企业利用计提来调节盈余提供了一种可能，企业可以在一定时间段内多计提，造成企业一段时间的亏损，在下一个会计周期可以不计提或少计提，这就为企业利润提供了增长空间；或者是之前几年先多去计提资产减值准备，当年企业再根据需要进行部分回冲，以人为调控盈余；或者是不计提或少计提资产减值准备，制造企业利润的虚增。以上诸多做法都是企业在遵照谨慎性原则的前提下应当避免出现的情况。

（3）对减值准备的再确认缺乏权威性。企业确认和计量固定资产减值准备的基础是固定资产可变现净值、部分可收回资金等财务资料；而可变现净值和可收回金额两项主要凭借会计人员的主观判断，其所得的结果存在着较大的主观性，所呈现的结果也因人而异。可收回金额中预计未来现金流量现值的具体数据，需要确定未来一定时间段内现金流入量和贴现率；而贴现率又是一个极为不确定的数据，这也就导致固定资产减值准备计提的浮动空间变大。因此，计提不仅缺乏一致的衡量标准，而且没有相应的限制手段。此外，企业之外的其他人员对于企业自身的资产形态、使用情况以及价值也并不熟悉。因此，从事会计工作的人员以及机构对企业确认的减值进行再确认时缺乏权威性。

（4）缺乏一致性。资产有按历史成本计价的资产，有按市价计价的资产。在会计工作中，计提固定资产减值准备的关键是确定固定资产预期的未来经济收益。现在，国内采用的是经济性标准，固定资产只要发生减值，就应当及时进行确认；但要准确确定固定资产的可回收金额，确实存在着一定的技术和机制上的难度。首先，国内目前固定资产信息以及价格市场机制还不健全，使得固定资产减值准备的计提缺乏科学的依据；其次，固定资产计入会计账目后，由于社会的发展、技术的更新迭代、市场价格下行等原因，会发生固定资产贬值，加大确认和计量的难度，使得会计工作人员无法准确地认定固定资产减值的规模和数量，因而需要几个甚至是多个部门协同一致来共同认定，有时甚至需要企业聘请第三方专业的评估机构来进行认定和评价。因此，这不但难度大，而且让资产价值评价的时效性失去了保证。

十一、历史成本原则

历史成本又称原始成本，是指企业购买固定资产实际支出的资金数目，其不包含购买资产后所发生的任何成本变更和调整或资产的升值、贬值或折旧等。在固定资产更新处理的分析计量中，现有的固定资产价值应当按其"现时价值"进行计量，而不应按"历史成本"的数据进行计算。

关于计量属性的规定，历史成本原则是指各项财产应当按照资产购置时的资金金额来进行成本计量。由于会计在对一项资产进行计量时，该资产的事项或交易已经发生，资产购置的成本也已经确定，对于这项资产的计量和确认也就有了确定的客观依据，因此，运用历史成本计量也就有了资料易于取得和易于核实的优点[①]。

利用历史成本的原则来进行计量，有以下四方面优点。

（1）历史成本是企业在市场上通过正常交易、客观确定下来的资金金额，而不是通过个人主观臆造出来的数据，因而具有很强的可追溯性；其又有相应的明确票据作为证据支持，因而有极强的可靠性和确定性。

（2）历史成本可以进行验证。由于资产在取得之时，所获取的票据真伪都可以通过相应的渠道进行验证，所记录的数据也自然可以方便地进行核实，因此，其具有明确的可验证性。

---

① 范立新.中国税务大词典[M].北京：中国税务出版社，2011:482.

（3）历史成本计量的数据最接近资产购置时资产的价值。历史成本最能代表资产的真实价值，也更具有确定性。资产在被购置之后，其价值会受到各种因素影响，一直处在变化之中，因此，资产在购置时的价值最为确定，数据也更容易掌握。

（4）历史成本数据易于取得，并与收益计量过程中所涉及的概念相一致。历史成本数据相较于之后不断变化的资产价值数据来讲，更容易获取。

十二、划分收益性支出与资本性支出原则

划分收益性支出与资本性支出原则指的是在会计核算过程中，应当严格区分收益性支出和资本性支出的界限，以准确计算各个会计计算周期中的损失和收益。凡是在一个会计期间或是一个营业周期中的支出收益，都应当归为收益性支出；凡是在几个会计期间或是几个营业周期中的支出收益，都应当归为资本性支出。只有这样正确地划分出收益性支出和资本性支出的界限，才能从根本上反映出企业真实的财务状况，准确地计算出企业在当期的经营状况。

划分收益性支出与资本性支出是会计计量和确认过程中的一项一般原则，其在我国陆续实行的各项会计准则中均有充分的体现，其中，财政部于2001年颁布的《企业会计制度》对这项原则又做了进一步的明确。在会计实践工作中，划分收益性支出与资本性支出原则有着广泛的应用场景，把支出区分为收益性支出和资本性支出，其本质是支出费用化还是资本化的问题，直接涉及企业损失、收益和资产等会计要素的确认和企业数据计量的准确性、真实性和客观性，进而影响到企业会计信息数据的质量。

十三、重要性原则

重要性原则指的是在会计核算过程中对企业交易或企业的相关事项应当首先区别其重要性的程度，通过采用不同的核算方式，而对企业某些不重要的会计事项可以灵活处理的原则[①]。

当企业的生产经营业务的发生对企业的财务状况、资产的损失和收益没有太大影响时，企业会计可以选择使用简单的方法和会计流程对此项经营业务进行成本收益的核算；反过来说，当企业生产经营业务的发生对企业的财务状况、资产收益和损失产生重要影响时，则应按照严格的会计计量方法和会计计量程序来进行会计核算。比如，当企业的某一项生产经营业务情况较为特殊，

[①] 范立新．中国税务大词典 [M]．北京：中国税务出版社，2011：522．

只有通过单独的会计计量才有可能不遗漏其中的重要事实数据，从而才能够使企业的所有者以及其他与此相关各方全面地掌握企业的财务情况时，则应当采用严格的会计核算流程进行会计数据的单独计量，并要划分出重点注意事项；如果情况相反，就不需要对企业经营业务进行单独计量以及重点事项的提请。

第三章　现金管理与成本管理

本章将对现金管理与成本管理的相关内容进行详细阐述。其中包含现金管理的概述、内容、模式和成本管理的概述、原则、路径几方面内容。

第一节　现金管理概述

现金是一种不能产生盈余的资产，但企业必须随时都要持有适量的现金，以满足企业自身生产经营的需要。除此之外，企业还需要持有一定的现金，以备不时之需，这样可以更好地把握商机，或者偿还贷款或借款。这就需要企业具备相应的管理现金的方法，以掌握固定时期内企业可持有现金的金额，如此可以更准确地衡量企业在一段时间内的现金流出量和流入量。下文将从现金的特点、持有现金的动机和持有现金的成本三个方面来详细阐述现金管理，如图3-1所示。

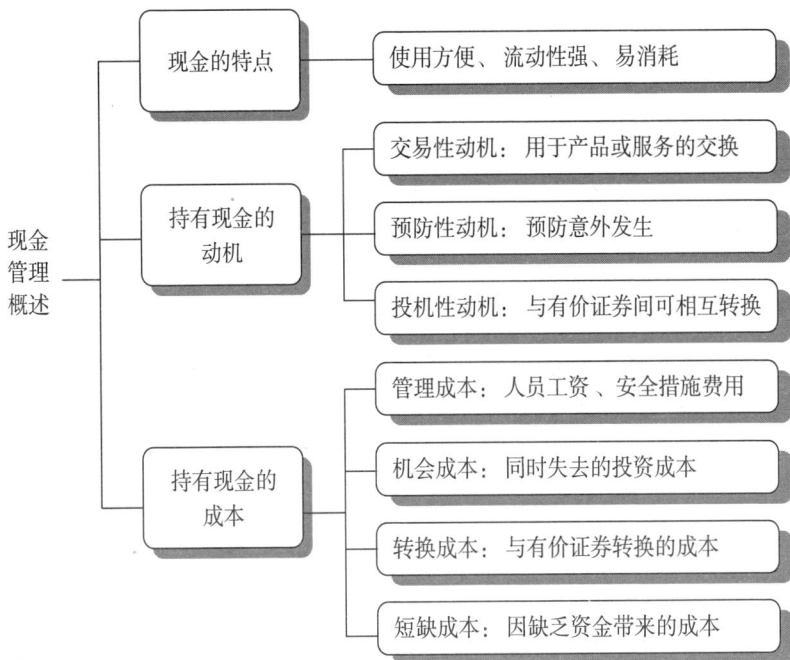

图 3-1 现金管理概述示意图

一、现金的特点

现金具有使用方便、流动性强、易消耗等特点，人们对于现金普遍接受度较高，其可以立即用来购买生产资料、货物、劳务以及偿还企业债务。它是一家企业中流动性最大的资产。

现金是国内企业会计中的一个总账账户，它在资产负债表中并入货币资金，归入流动资产一类中；但与此同时，具有专门用途的现金只能作为基金或投资项目，被列为非流动资产。

现金的特点是分析持有现金的动机和持有现金的成本的基础。由于现金使用方便和流动性强的特点，因此，其可与有价证券进行相互转换；同时由于现金流动性强和易消耗的特点，因而会产生现金管理的成本。

二、持有现金的动机

企业的现金管理与其持有现金动机有着密切的联系，企业持有现金的动机可以分为以下三种。

（一）交易性动机

企业持有现金的目的是满足日常生产经营活动的需要。企业在生产经营活动过程中，需要购买生产资料和生产设备，支付其他经营所需的成本费用。为了满足这种需求，企业需要持有一定数量的现金作为储备。企业的生存之道就是要不断地进行物品或服务的交换，通过低买高卖来实现自身的盈利。

（二）预防性动机

预防性动机是指企业在进行现金管理时，要时刻考虑可能发生的意外情况，而为了有效地应对发生意外的不确定性，企业需要提前准备一定数量的预防性的现金。未来总是充满着不确定性，任何不可预知的事件都有可能发生，企业应该提前有所准备，应当储备一些现金，以备不时之需。当然企业也会有其他制度或是流程方面的准备，这里不详细展开讨论。

（三）投机性动机

企业用多余的资金购买有价证券，其资金与有价证券可以随时进行互换。当企业资金紧张时，可以出售有价证券，将其转换为现金；当企业资金充裕时，可以再用多余的资金购买有价证券，让闲置资金持续产生价值。利率在很大程度上影响着有价证券的价格。一般来说，利率的波动与有价证券价格的波动成反比：当利率上调时，有价证券的价格随之下降；当利率下行时，有价证券的价格就会上升。当企业有充裕的资金想进行一些投资时，可能会因为利率将要上调而停止有价证券的购买。这样一来，企业就会留存闲置的资金，这就是投机性现金需求。

当然，企业也会选择其他的投资方式。总之，在现金管理过程中，企业应该有效控制现金的数量，既不宜过多，也不宜过少。如果企业留有的现金过多，就会影响现金的流动性，影响现金的再收益；而如果企业留有现金过少的话，那么企业抵御风险和不确定性事件的能力就会减弱。

三、持有现金的成本

企业手中持有现金都有其成本，通常来说，可以分为以下四种：管理成本、机会成本、转换成本以及短缺成本。

（一）管理成本

管理成本是指企业因持有一定数量的现金，而必须对这部分现金进行有效的管理而产生的费用，如相关管理人员的工资和现金安全管理费。这部分费用在一定范围内与现金持有的数量关系很小，属于固定成本。

（二）机会成本

机会成本是指企业因持有一定数量的现金而失去投资其他领域获得更多的收益[①]。因现金属于非营利性资产，企业持有现金就会失去再投资的机会以及其可投资的相应收益，从而形成持有现金的机会成本，这种成本在数额上与资金成本接近。例如，企业准备持有 50 万元的现金，假设企业年平均收益率为 10%，则企业就会失去 5 万元的投资收益，失去的这 5 万元的投资收益就是企业的机会成本。由此可以看出，企业放弃的再投资的收益属于变动成本，其与企业持有的现金量的多少密切相关。换句话说，企业持有的现金量越大，相应的机会成本就越高；企业持有的现金量越小，则相应的机会成本就越低。

（三）转换成本

转换成本是指企业在进行有价证券的交易时，需要支付一定比例的交易费用，如证券过户费等。证券转换成本与持有现金量有直接关系，在现金需求量一定的情况下，持有的现金量与证券折现操作次数以及转换成本呈负相关关系。

（四）短缺成本

短缺成本是指企业因资金缺少而影响企业正常生产经营，同时使企业收益减少。收益损失中既包括直接带来的损失，也包括间接造成的损失。企业资金的短缺成本与现金持有量之间呈负相关关系。因此，企业会计应当合理管理企业的短缺成本，并将其控制在合理的范围内，既不能因持有现金过多而影响企业投资的收益，也不能因持有现金过少而让企业产生短缺成本。

第二节　现金管理的内容

现金管理的内容包括编制现金收支计划、日常现金控制、确定最佳现金持有量、将预计现金收支数量及余额与最佳现金持有量进行对比、采取短期措施，如图 3-3 所示。

[①] 罗洪儿，吕欣. 管理通识教程 [M]. 上海：上海交通大学出版社，2020：26.

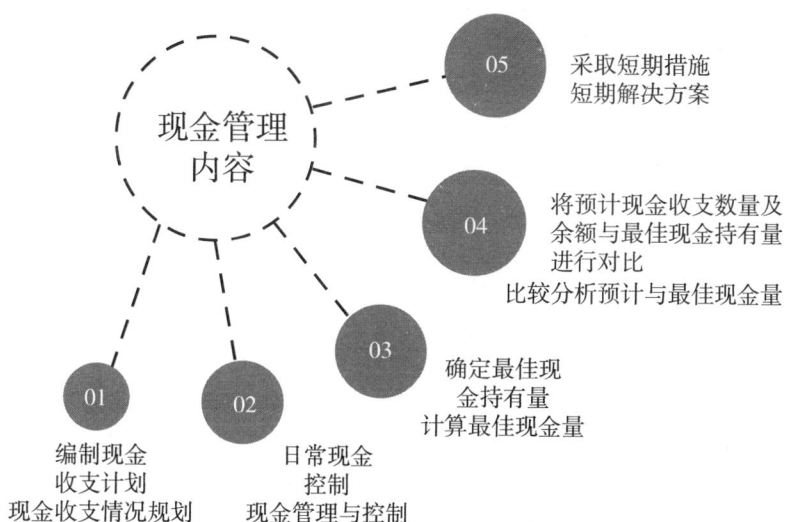

图 3-3 现金管理内容示意图

企业现金管理的核心工作内容是确定最佳现金持有量，而后比较分析预计现金量和最佳现金量，以找到其差额，并采取相应的短期措施，以减少存在的差额。下文详细阐述现金管理的五项内容。

一、编制现金收支计划

现金收支计划包含四个部分：现金收入、现金支出、净现金流量以及现金余缺，如图 3-4 所示。

营业现金收入
其他现金收入

现金
收入

营业现金支出
其他现金支出

现金
支出

现金
余缺

现金余缺额 = 期末现金余额 - 最佳现金余额

净现金
流量

净现金流量 = 现金收入 - 现金支出

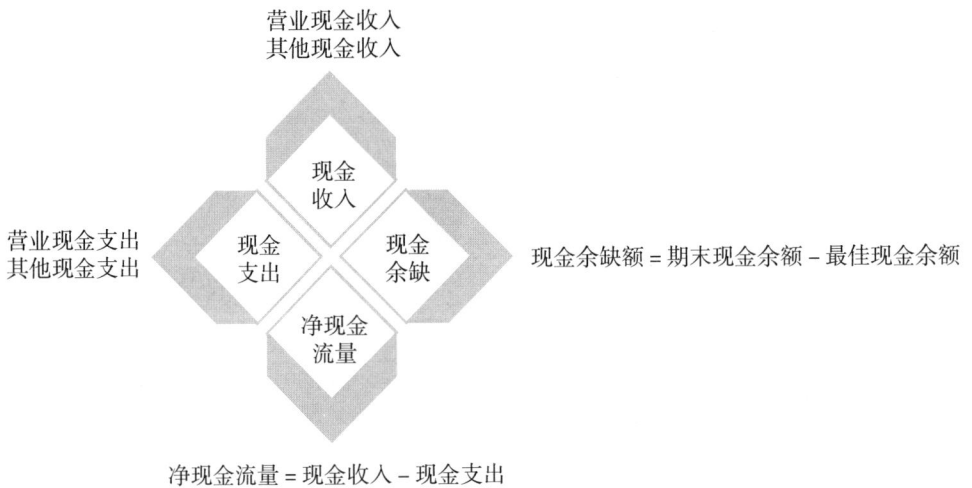

图 3-4　现金收支计划示意图

现金收支计划所列四项内容相互之间存在着密切的关联，其中，净现金流量是现金收入与现金支出之间的差额，因此现金余缺额是期末现金余额与最佳现金余额之间的差额，现金收支计划的数据主要以现金收入和现金支出为依据。

（一）现金收入

企业的现金收入包括营业现金收入和其他现金收入两个部分。

1. 营业现金收入

营业现金收入的主体部分是产品或服务的销售收入，而销售收入数据可以从销售计划中获得。财务人员在根据销售计划的内容制订现金计划时应当注意两方面问题：一是必须把现销数据与赊销数据区分开，并单独分析赊销款项的收款时间和收款金额；二是必须考虑企业在收款过程中可能出现的相关因素，如销货退回、现金折扣以及坏账损失等。企业会计在对企业营业现金收入进行计量时，应当将不同类别的收入区分开，分门别类，并做详细的记录，切记不可将各种数据混合起来统一进行计量。

2. 其他现金收入

其他现金收入一般包括股利收入、证券投资的利息收入以及设备租赁收入等。其中，前两项为企业对外投资的收入，最后一项为企业自有生产资料产生的收入。

（二）现金支出

企业的现金支出包括营业现金支出和其他现金支出。

1.营业现金支出

营业现金支出主要有原材料采购支出、工资支出和其他支出。

在确定原材料采购支出时，应当注意以下四点。

（1）要确定原材料采购付款的时间和总金额与销售收入之间的关系。原材料采购的现金支出与销售量之间存在着紧密的关系，但在不同的企业、不同的情况下，两者之间的关系会有所不同，因此，财务人员必须认真分析这两者关系的规律性，以便更好地明确原材料采购支出资金的时间和数量。

（2）要清楚地区分现购和赊购，并单独分析赊购的付款金额和时间，以便企业会计账目更加清晰和细化。这也为日后制定会计决策或是公司发展战略提供了详细可靠的数据支撑。

（3）尽可能地预测外界因素的影响，如原材料市场的波动情况、价格的变动、国家政策的调整等。

（4）尽可能准确地估计商品或服务进入市场后可能发生的退货，以及可能享受到的折扣等，以便准确合理地确定现金支出的金额和时间。

企业员工的工资可能会随着企业的发展而逐步增长，也可能会随着企业经营不善而逐渐下调。通常情况下，工资的变动相对稳定。具体来说，当企业产品的生产量增长幅度不太明显或是服务水平提升的幅度不明显时，企业员工的工资不会马上提升；而只有当产品生产量或服务的质量与水平得到明显提升时，企业员工的工资才会有较大幅度的提升。若企业实行计件工资制度，则员工工资数量会随产品生产量或服务质量与水平同比例地变化。

2.其他现金支出

其他现金支出主要包括企业股利支出或上缴利润支出、所得税支出、偿还债务的本金及利息支出、固定资产投资支出等。企业股利支出或上缴利润支出的数额可以根据企业自身利润分配的政策进行计算，或是根据企业长期或短期发展战略来确定；所得税支出的数额应当以当年度预计的企业利润为基础进行计算；偿还债务的本金及利息支出可以从相关的筹资计划或筹资合同中获取；固定资产投资支出通常需要进行提前规划，其涉及企业未来的发展战略、发展方向以及发展速率。

（三）净现金流量

净现金流量是指现金收入与现金支出之间的差额。其具体计算公式为：

净现金流量 = 现金收入 - 现金支出

= （营业现金收入 + 其他现金收入）

- （营业现金支出 + 其他现金支出） （3-1）

净现金流量可以反映出企业一个会计周期内净增加或净减少的现金及与现金等价的数额，它是现金流量表中的一个重要指标。

（四）现金余缺

现金余缺是指计划期现金期末余额与最佳现金余额之间的差值，其中，最佳现金余额又称理想现金余额。现金余缺额的计算公式为：

现金余缺额 = 期末现金余额 - 最佳现金余额

= （期初现金余额 + 现金收入 - 现金支出）- 最佳现金余额

= 期初现金余额 + 净现金流量 - 最佳现金余额 （3-2）

企业调整现金余缺的方法有两种：一是利用有价证券来调整现金余缺；二是利用借款或借贷来补充现金余缺。如果期末现金余额小于最佳现金余额，就说明企业现金出现短缺，应当及时通过各种筹资方式进行补充调整；如果期末现金余额大于最佳现金余额，就说明企业现金存在剩余，应当及时进行投资，赚取更多收益或进行债务的归还，以减少更多利息的支出。

二、日常现金控制

企业日常现金控制是指对公司以及各个相关部门的现金流入和现金流出过程所进行的控制。企业财务通常采用权责发生制，导致利润与现金净流入不相等，因此，企业对现金必须进行单独的控制。企业日常的生产经营活动以及财务活动主要是以现金形式进行流转的，因而企业对现金的控制和掌握就显得十分重要。现金控制的主要工作就是要使现金流入和流出保持一定的平衡，避免出现因现金短缺而发生的企业支付危机，同时，阻止因流动现金剩余过多而造成的机会成本增加。通常企业进行现金控制有以下四种方法。

（一）加速收款

加速收款是指尽可能地缩短应收账款的回收时间。应收账款是商业信用的主要类型，利用应收账款可以有效地吸引客户，扩大企业的规模，增加销售收入。此外，企业在进行产品或服务销售的同时，应当提前规划好销售模式，尽可能地缩短收款的账期，以减轻企业的资金压力，提高资金的流动性和周转率。

企业还可以适当地提供现金折扣来提高收款的占比，激励客户积极且及时地支付账款，以减轻企业资金负担。当然，这要根据企业自身的财务状况以及企业的经营管理情况而定。与此同时，企业应当在缩短收款周期与提供现金折扣之间取得平衡，使企业自身的资金压力处于在一个自身可承受的范围内。

（二）延期付款

延期付款简称为"延付"，它是利用供货或提供服务的企业的流动资金来完成自身生产经营活动的一种方式。通常延期付款的成本等同于放弃现金折扣的成本，所涉及的付款期是指购货企业实际付款的天数。企业选择付款的时间不同，放弃现金折扣的成本也就不同。企业可以充分利用供货方提供的现金折扣，在现金折扣期满最后一天支付货款；甚至在公司现金紧缺时，可以放弃现金折扣，在信用期满的最后一天支付应付货款。

企业可以适当地推迟付款时间，不过，购货企业需要支付延期付款成本。当然，这部分成本是根据相关法律法规应缴纳的罚金以及按照合同条款应承担的违约成本。因此，针对延期付款来讲，企业应当合理地考虑延期付款对企业自身所造成的综合影响，并充分考虑有利因素和不利因素，而后再进行相应的决策。

（三）现金流动同步化

企业现金的流入与现金流出的时间与金额基本保持一致，称为现金流动的同步化。在一段时间内，如果企业得到一定数量的现金流入，而现金的流出分散且均匀，那么，在这段时期内，企业持有的平均现金余额就为这一定量现金流入的一半。若企业在一段时间内现金流入和现金流出均分散均匀，那么企业应持有的平均现金余额就会大幅度减少。甚至存在一种特殊的情况，企业在一段时间内流入的现金量恰好等同于流出的现金量，那么，企业所需要持有的现金金额就接近于零。也就是说企业只需要持有很少的现金就可以正常维持企业的生产经营活动。这是极为理想的状态，企业的财务管理应以这样的目标为方向，将企业所持有的现金量规划降到最低。如此一来，企业不会因大量持有固定资金而造成资金的闲置，也不会因资金短缺而造成资金使用的困难。

针对于此，企业首先应该做到对现金的收入和支出有较准确的预测，并且预测应在合理的范围内。其次，企业应根据对现金使用情况的预测来合理分配现金的收入和支出，制订出现金使用计划，根据现金使用的计划合理安排企业的生产经营。最后，企业根据制订的现金使用计划，严格地落实并执行到位，不可轻易受其他因素的干扰。如有特殊情况需要调整现金使用计划，则应经过企业高层或是各个部门一致通过。

（四）合理使用现金"浮游量"

现金"浮游量"是指企业记录在银行账上的存款与企业账目上的现金余额之间存在的差值。企业在交付银行结算款项时，通常会有一定的时间差，因此，就形成以下四种情况：银行已收而企业未收、银行已付而企业未付、企业已收而银行未收以及企业已付而银行未付。其中，银行已收而企业未收和企业已付而银行未付会让企业的银行存款数据低于银行的存款数据；银行已付而企业未付和企业已收而银行未收会让企业的银行存款数据高于银行的存款数据。在不影响企业信用的前提下，企业充分利用现金"浮游量"，在支付货款时尽可能地将支付时间拖延至银行结算时间之后，企业的现金"浮游量"也会相应地增大。这一方法在一些企业中被普遍采用，用来提高现金的使用效率以及节约现金的使用量。

三、确定最佳现金持有量

企业通常会根据自身的发展方向以及生产经营情况来确定应当持有的最佳现金量。若企业正处于高速发展阶段，手中则不应持有过多的现金量，而是要把更多的现金重新投入到新设备的购置、新技术的研发或新市场的开拓上，以期在市场上更快速地占据先机。若企业正处于不利的市场环境或是社会大环境正处于高度的不确定性中，则企业优先选择持有更多的现金，以抵御未来发展的不确定性因素；或者银行利率下行，各种可能投资的领域没有良好的投资机会时，企业也更多地会选择将现金保留在自己手中，等待时机。

企业通常确定最佳现金持有量的模式有四种，即现金周转模式、成本分析模式、存货模式、随机模式，其具体内容将在本章第三节的现金管理模式中进行详细阐释。

四、将预计现金收支数量及余额与最佳现金持有量进行对比

企业在生产经营过程中，首先要预先对现金的收支数量以及余额进行整体的规划，然后，在日常的生产活动中对现金的使用情况加以合理控制，使企业现金的利用情况在可控的范围内，不可偏离计划范围太多。通过这些方法，可以更为准确地确定最佳现金持有量，接着，要将预计现金收支数量及余额与最佳现金持有量进行比对，根据生产经营中的实际情况对具体方案进行调整。当企业预计现金余额低于最佳现金持有量时，企业应当考虑出售已有的有价证券或是通过筹资的方式来获得所需的现金；而当企业预计现金余额高于最佳现金

持有量时，企业应当考虑购进有稳定收益的有价证券或是选择其他类型的投资方式，减少企业的闲置资金数量，以期获得更大的收益。

五、采取短期措施

上文第四点提到的出售有价证券或其他筹资方式和购进有价证券或其他投资方式，其涉及两种方法——筹资和投资，如图 3-5 所示。

筹资渠道不同，企业所采取的筹资方式也不同。例如，针对银行信贷资金，企业可以通过向银行借款的方式来进行筹资；对于民间资本和国外及港澳台资本，企业可以通过发行企业债券或利用商业信用等方式来进行筹资。企业的投资主要分为实物投资、证券投资、资本投资。下文将进一步详细阐释企业现金管理短期措施。

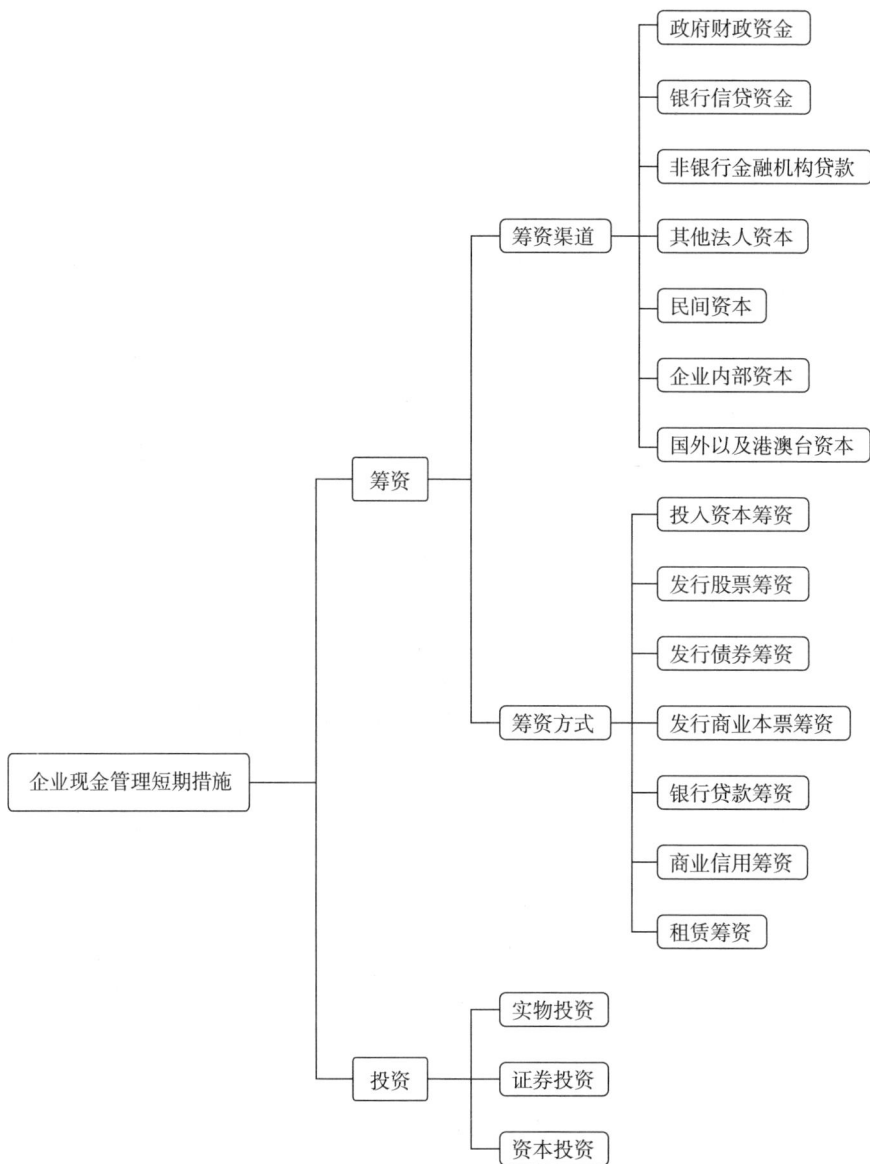

图 3-5　企业现金管理短期措施示意图

（一）筹资

企业筹资是指企业根据其生产经营情况、自身长远发展规划以及对外投资情况等，通过相应的筹资渠道或金融市场，以较低的成本有效地筹措或集中资金的活动。

1. 企业筹资渠道

（1）政府财政资金。政府财政资金是指国家运用价值形式参与社会产品分配，形成归国家集中或非集中支配，并用作指定用途的资金。它是国有企业资金的重要来源，由国家预算资金和国家预算外资金共同构成。

（2）银行信贷资金。银行信贷资金是很多企业资金的重要来源，这是因为其方式更加灵活，覆盖面更广，资金使用更加方便，可以满足企业各种情况的需求。银行信贷按用途可以分为流动资金贷款和固定资产贷款。流动资金贷款包括票据贴现、临时贷款和周转贷款等；固定资产贷款包括科技开发贷款、基本建设贷款和技术发行贷款等。企业筹资按期限可以分为长期贷款、中期贷款和短期贷款：长期贷款的期限为 5 年以上（不含 5 年）；中期贷款的期限为 1 年以上（包含 1 年）、5 年以下（含 5 年）；短期贷款的期限为 1 年以内。

（3）非银行金融机构贷款。非银行金融机构贷款是指除银行以外从事金融业务的金融机构，其能够为企业自身生产经营发展提供所需资金。非银行金融机构包括融资公司、金融租赁公司、证券公司、城市信用社、金融信托投资公司、保险公司等。

（4）其他法人资本。其他法人资本是指企业法人用其可支配的资产或者是具有法人资格的社会团体或事业单位，以国家法律允许的用于生产经营的资产向企业注入的资金。此类法人通常会选择将闲置的资金用于投资，以期获得比银行存款高的利息或是投资收益。有资金需求的企业会利用这部分资金来扩大再生产，或是维持企业自身的生产经营等。

（5）民间资本。民间资本也称民间资金，其是指股份制企业或是民营企业中属于私人股份或是其他形式的私人资本的统称。民间资本随着国内改革开放进行，在市场经济环境下创造出的大量社会财富。这些财富聚集在民间，虽然分散，但有着庞大的资金总量，是金融市场旺盛的"新鲜血液"。合理利用民间资本，可以更好地助力国民经济发展。所以，国家大力鼓励民间资本参与国家建设、产业升级以及产业的高质量发展，出台了相应的优惠政策来支持民间资本，使之得到合理有效的使用。因此，企业在自身发展的过程中遇到资金难题时，可以通过民间资本的注入渠道而方便地得到解决。

（6）企业内部资本。企业的内部资本是指企业的盈余公积和未分配的利润。企业的盈余公积是企业税后利润的一部分，可以用来弥补企业亏损及转增资本或是股本，或是用来扩大再生产及派送新股等。未分配利润是指企业留到以后年份再进行分配或有待分配的利润。这部分资金同盈余公积一样，也是企业可以自己支配的资金。相较于上文介绍的五种不可控的筹资渠道，企业内部资本是企业自身可控、可支配的资金。企业内部资本作为企业抵御风险或是弥补现金余缺的资本，既可以被企业留作储备金，也可以被企业立即使用。

（7）国外以及港澳台资本。国外及港澳台资本是指除去大陆境内资本的其他资本，其资本的性质与前五种资本类型类似，只是在区域上有一个划分。

2. 企业筹资方式

（1）投入资本筹资。投入资本筹资是指非股份制企业以书面协议等形式吸收国家、其他企业、外商和个人等直接投入的资本。它是非股份制企业筹集资金的基本方式。

（2）发行股票筹资。发行股票筹资是股份制企业最常使用的筹资方式，也是保障企业稳定发展的一种重要筹资方式。

（3）发行债券筹资。发行债券筹资指企业通过发行债券的方式来筹集资金，它是企业筹资的一种重要的方式，其筹资范围比发行股票要广。如果发行的债券符合国家相关法律法规的规定，那么，企业所发行的债券就可以在市场上自由转让以及自由流通。

（4）发行商业本票筹资。商业本票是指企业签发的并书面承诺在见到票时或是到达指定日期时，无条件支付一定金额给持票人或收款人的票据。发行商业本票的筹资方法覆盖的范围比较广泛，企业与其他购买商业本票的个人或组织往往以书面形式记录来作为筹资依据，形式方便且灵活。

（5）银行贷款筹资。银行贷款筹资是指企业以向银行贷款的方式筹集生产经营所需的资金。银行分布较为广泛，可以提供的贷款种类和期限灵活多样，因此，企业利用银行贷款进行筹资比较方便灵活。不过，政策性之外的贷款利息也相对较高，最初申请时可能比较困难，需要企业提供详细的可行性研究报告以及财务报表。银行贷款筹资不会使企业资产所有权发生转移，但企业一旦资金链断裂，无力偿还贷款，则可能引发企业破产。

（6）商业信用筹资。商业信用是指商品的赊销，其通常有三种方式：欠账、期票和商业承兑票据。商业企业之间最常见的就是欠账方式。期票是指卖方企业要求买方签发期票来证明买方企业欠卖方企业的债务，期票上需写明买方企业必须在未来的哪一天支付欠款。商业承兑票据是另外一种证明双方债务关系的方式。它是指卖方企业向买方企业开出汇票，要求买方在未来的某个时间点兑付票面金额。卖方等买方承兑定期汇票后，再交付货物。买方承兑票据时，需要指定一家负责到期付款的银行，这样的汇票就称为商业承兑票据。它还具有一定程度的变现性，这与买方企业的信誉有着直接的联系。若商业承兑票据可以方便地变现，则卖方可以将商业承兑票据以折扣的方式转让出去，立刻拿到货款，等到汇票到期，其汇票的持有者到指定银行换取款项。一家企业只要信誉良好，就会很容易地拿到商业信用筹资，其商业承兑汇票即使进行转让，第三方也会乐于购买。

（7）租赁筹资。租赁筹资是出租人以收取租金为条件，承租人在一定时间内可以占有或使用财产权利的一种契约性行为[①]。对于企业来说，租赁筹资的方式有筹资速度比较快、限制条件较少、减少设备淘汰风险、到期归还本金负担轻以及税收负担轻等特点。

（二）投资

投资，简单来说，就是货币转化为资本的过程。投资可分为实物投资、证券投资和资本投资等。

1. 实物投资

实物投资是以实物作为出资方式的投资，如企业厂房、设备机器、建筑物或其他物资。

2. 证券投资

证券投资属于狭义的投资，是指企业通过购买有价证券来获得收益的投资方式。有价证券可以进一步分为货币证券、资本证券以及财物证券三种形式，有价证券的详细分类如图 3-6 所示（图中只列举了最常见的几种证券形式，其余不常见的形式在这里暂且不提，也不作为本书重点内容）。

有价证券都在票面注明一定数量的金额，并且可以证明持券人有权在规定的期限后或期限中获得一定的收入；与此同时，有价证券也可以通过转让和自由买卖的形式来交易其所有权或债权凭证。在实际经济活动中，有价证券通常简称为证券。有价证券其本身并没有任何价值，它只是作为持有者获得利息或股息收入的一种凭证而拥有一定的价值，因此，它可以在证券市场上进行自由买卖和流通。

---

① 薛玉莲，李全中，方拥军.财务管理学：第 3 版.[M].北京：首都经济贸易大学出版社，2018：189.

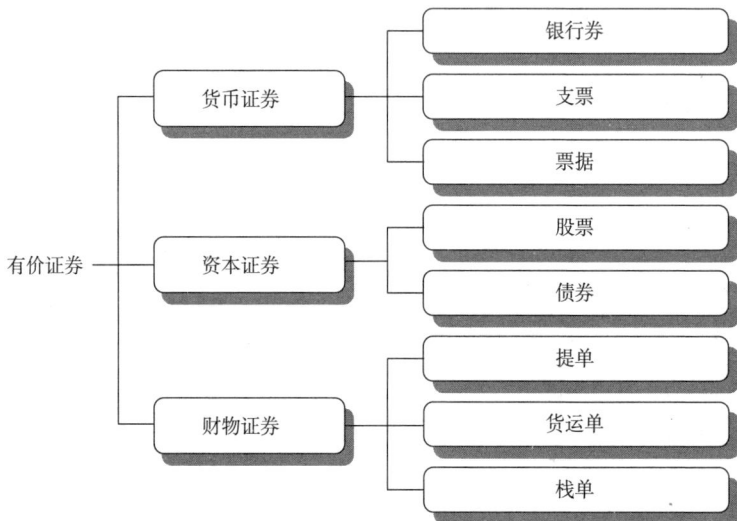

图 3-6　有价证券分类图

3.资本投资

资本投资是指所有投资者投入企业经营的全部资金的账面价值，其中包括股本资本和债务资本。债务资本指债权人提供的短期贷款和长期贷款，不包括应付单据、应付账款以及其他应付款等商业信用负债。

具体投资的内容将在本书第五章的投资管理中进行详细阐述。

综上所述，现金管理的内容与流程是企业首先编制现金收支计划，根据现金收支计划来确定现金收支数量及余额，而企业日常对现金的控制可以确保会计工作按计划进行现金的收支，而后通过四种模式，确定出企业最佳现金持有量，并以此为标准，将企业的预计现金收支数量及余额与最佳现金持有量进行比对：若出现现金富余，则应当采取短期的投资措施，使闲置资金得到充分的利用；若出现现金短缺，则应当采取短期的筹资措施以补足现金缺口，维持企业正常的生产经营活动。如图 3-7 所示。

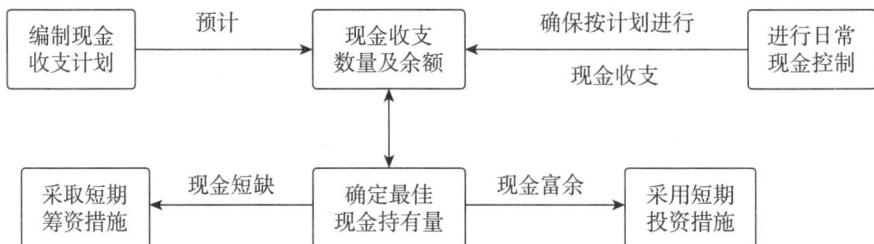

图 3-7　现金管理内容示意图

第三节 现金管理的模式

在本章第二节确定最佳现金持有量时提到现金管理的四种模式，在本节中对其进行详细阐释。

一、现金周转模式

现金周转模式是一种确定最佳现金持有量的计算方法，其可以全面地记录和描述存货资金周转的过程，为准确有效地计算存货资金周转提供了可靠的数据支撑。

企业现金的周转模式是利用现金的周转天数来确定现金的最佳持有量。现金周转天数是指现金从投入企业生产经营活动的第一天开始，经过生产经营过程，最后又转化为现金，整个过程所需要的天数。现金周转期与存货周转期、应收账款周转期以及应付账款周转期密切相关，其关系如图3-8所示。

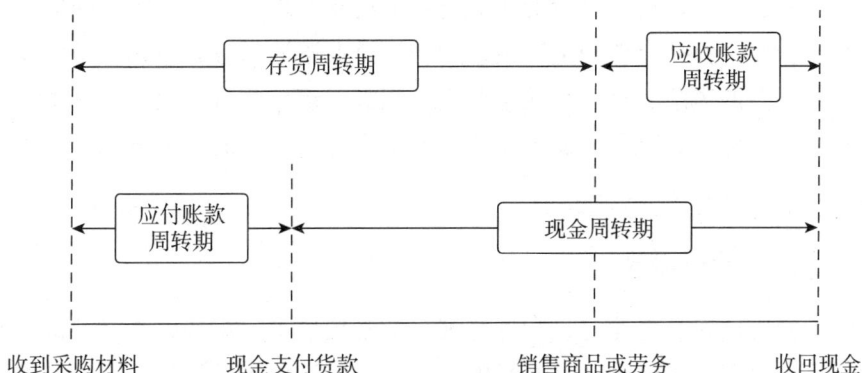

图 3-8 现金周转天数示意图

由图3-8可以看出，存货周转期是从收到采购材料开始，直到产品或服务最终销售完成所经历的天数；而应收账款周转期是从产品或服务销售完成到收回产品或服务的销售款项所经历的天数；应付账款周转期指从收到采购的生产资料到收到所支付的现金货款所经历的天数。从图中还可以明显地看出，存货周转期与现金周转期之间有重叠部分，并且存货周转期与应收账款周转期的合计天数，与应付账款周转期和现金周转期的合计天数相同。这里等同的合计天数，也就是企业从收到采购的生产资料到收回现金之间合计的天数。

存货周转期、应收账款周转期、应付账款周转期与现金周转期之间的关系可以通过一个等式来说明：

$$现金周转期 + 应付账款周转期 = 存货周转期 + 应收账款周转期 \quad （3-3）$$

从这个公式中可以看出，存货周转期、应收账款周转期、应付账款周转期这三项，其中一项或几项发生变化，都有可能使现金周转期发生变化。但是，也存在例外的情况。若存货周转期增加的天数与应收账款周转期减少的天数相同，而此时恰巧应付账款周转期没有变化，那么，现金周转期就不会发生变化。

现金周转模式可以计算最佳现金持有量，主要分为三个步骤。

（1）确定现金周转期。由上文的等式可以推导出：

$$现金周转期 = 存货周转期 + 应收账款周转期 - 应付账款周转期 \quad （3-4）$$

（2）确定现金周转率。现金周转率公式如下：

$$现金周转率 = 365 / 现金周转期 \quad （3-5）$$

（3）确定最佳现金持有量。最佳现金持有量公式如下：

$$最佳现金持有量 = 年现金总需求量 / 现金周转率 \quad （3-6）$$

计算出最佳现金持有量，企业就可以以此为标准，将现阶段企业所持有的现金量与最佳现金持有量进行对比。若企业持有的现金过多，则会降低企业的投资收益；而企业持有的现金不足，则会让企业遭遇债务风险，或是引发无法持续生产经营的风险，这也会让企业丧失相当一部分的机会成本。有了最佳现金持有量这个标准，既可以满足企业自身生产经营所需的资金需求，也不影响企业资金的正常流动。

二、成本分析模式

成本分析模式是企业对自身持有现金的管理成本、短缺成本以及机会成本进行估算，以确定最佳现金持有量的一种方法。这种模式认为，上述三种成本总和最低时的现金量为最佳现金持有量。

例如，某家企业有四种现金持有方案，每种方案所对应的管理成本、机会成本、短缺成本以及持有现金的总成本如表3-1所示。

表3-1　现金持有方案表

单位：元

方案项目	平均现金持有量	管理成本	机会成本	短缺成本	总成本
A	200 000	15 000	25 000	30 000	70 000

续　表

方案项目	平均现金持有量	管理成本	机会成本	短缺成本	总成本
B	450 000	15 000	35 000	10 000	60 000
C	700 000	15 000	85 000	5 000	105 000
D	950 000	15 000	115 000	1 000	131 000

由表3-1可以看出，四种方案的总成本金额中，方案B的总成本金额最低。也就是说，当企业的平均现金持有量为45万元时，管理成本、机会成本和短缺成本的总和最低，这种方案对企业来说最为经济，企业在现有情况下可以以最小的现金成本来维持正常的生产经营活动。因此，45万元就是这家企业的最佳现金持有量。

通过成本分析模式来确定现金最佳持有量时，不需要考虑现金的管理费用和现金的转换成本，只需计算现金的机会成本以及短缺成本即可。一定量的现金，投入一个项目或企业时，就不能投到其他项目或企业，因此，一定量现金的机会成本就是如果这一部分资金投到其他地方所能产生的收益。同时，现金的持有量与机会成本呈正相关关系，即现金持有量越大，相对应的机会成本就越高，相应的短缺成本就越低；当现金的机会成本和短缺成本相等时，现金的总成本最低。这时企业的现金持有量就是最佳现金持有量。

以上的方法求证只是在较为理想的状态下，为了能够较为清楚地找到相关规律而取较为理想的数值。然而，在企业现实的生产经营活动中，不管是现金持有量，还是机会成本以及短缺成本的数值，往往都没有连续性。这时，便可以采用无限靠近的方法找出最佳现金持有量，尽可能找到机会成本与短缺成本最为接近的一个点，最后确定最佳现金持有量。

三、存货模式

由前面介绍的两种模式可以看出：当企业持有的现金量多于企业生产经营所需时，企业就会出现现金闲置的情况，多余的现金因存放在企业的账户中而不能产生更多的收益，而所带来的现金短缺成本风险的降低可以不用考虑；而当企业所持有的现金量少于企业生产经营所需时，企业就会出现现金短缺的风险，严重时会造成企业资金链的断裂，导致企业正常的生产经营活动无法继续开展。因此，可以将企业的现金余额视为一种存货，当企业的现金余额留存过多时，就可以考虑将多余的现金用来购买有价证券、股票、基金等有相对稳定收益的投资产品，以有效地降低现金的机会成本；当企业的现金余额降到预先设定的一个数值时，企业就可以选择抛售这些收益相对稳定的投资产品，或者是选择通过筹资的方式引入一定数量的现金。虽然投资产品与现金之间的相互转换会产生一部分转换成本，但这样可以既及时补足企业当下对于现金的需求，减少短缺成本，又可以减少企业的机会成本，因此通常很多企业会选择这种方式进行实际操作。这就是所谓的存货模式的思路和方式。

在这种模式下的最佳现金持有量，是持有现金的机会成本与证券变现的交易相等时的现金持有量。

利用存货模式来确定企业的最佳现金持有量需要满足三个前提条件：

（1）企业生产经营活动中，每隔一段固定的时间就会有一定量的现金流入。

（2）企业生产经营活动中，一段时期内的现金流出分散且分布均匀。

（3）在企业经营过程中可以通过购买有价证券、股票、基金等投资产品来获取现金。

设想一种理想状态，如果不存在现金短缺，那么，短缺成本就属于无关成本，同时，也不用考虑其管理成本。在这种情况下，存货模型就是一种直观且简单的模型，它的不足之处是假设现金流出量稳定且均匀分散，也就是每一次转换的数量是一个定值，不存在所谓的淡旺季明显的现金差异。这种模式也可以视为实验室模式，在研究两个变量相互之间的关系时，可以将无关紧要的因素忽略不计或是直接排除掉。

在实际操作中，可以以这个模式为参考，在机会成本与证券变现的交易近似相等时，确定现金持有量。企业的现实数据通常是不连续的，也不是均匀分布的。因此，只要找到两个数值最接近的一个点，就可以算出最可靠的目标现金持有量。

四、随机模式

企业在生产经营过程中受到诸多因素的影响，导致企业的发展充满了不确定性，出现了前文提到的存货模式中固定的前提与企业现金流动实际情况不吻合的情况。由此，美国经济计量学会会员默顿·米勒和丹尼尔·奥尔提出了米勒—奥尔模型。

米勒—奥尔模型理论认为随着社会的发展、市场竞争的加剧，技术进步的速度日益加快，企业对现金的收入与支出的预测越来越困难，但可以根据企业的历史经验以及企业对现金的实际需求来估计所需现金持有量的上下限，将企业的现金持有量控制在上限和下限之间。企业日常的现金余额可以在现金持有量的上限和下限之间不规律地随机波动：当现金持有量达到上限时，企业会选择买入有价证券来降低机会成本；当现金持有量达到下限时，企业会通过卖出有价证券来换回现金，以补充企业现金的余缺，使企业的现金余额达到最佳现金持有量。用米勒—奥尔模型来预测最佳现金持有量的方法也被称为随机模式。这种模式符合大多数企业的真实情况，很多企业的生产经营情况并没有固定的规律可循，正如对于未来的预测一样，没有人知道将来会发生什么，所遇到的更多的情况就是不确定，而如何才能在不确定中寻找确定，是这个随机模式所要解决的问题。

第四节　成本管理概述

成本管理指企业在生产经营过程中的成本预测、成本决策、成本分析以及成本核算等一系列科学管理活动的总称。成本管理由六部分构成，如图 3-2 所示。

图 3-2　成本管理构成图

　　成本管理工作内容主要基于成本数据开展，从成本预测的进行、成本计划的制订、成本决策的确定及成本核算的计量，到降低成本的成本分析和成本考核及奖惩，都要以成本数据为基础。下文将对成本管理六部分构成进行详细分析。

一、成本预测

　　成本预测是指企业运用相应的方法、技术，综合各方面因素，来预计和推断某一成本对象未来可能的成本目标和水平。这一成本对象包括但不限于一件产品、一个项目或是一种劳务服务。

　　随着企业规模的不断扩大，产品的生产流程或服务的项目种类日益复杂，生产过程中的某个环节或者某一时期内的生产消耗一旦不在控制范围内，就有可能给企业造成不可挽回的损失。也正因为如此，为了避免出现这类成本管理不受控制的现象，必须利用科学的方法对企业的成本数据进行计量，尽可能准确地预测生产损耗的走势和程度，以便企业采取正确有效的措施，做好企业成本管理的工作。

在现代企业成本管理过程中，成本预测采用了一系列科学严密的方法和步骤，基本上可以较为准确地把控成本变化的规律。因此，现代企业的成本预测结果较为可靠。但由于成本预测的数据源于企业的历史资料，因此，成本预测也会存在一定的局限性。由此可见，成本预测的可靠性和对立统一是其显著的特点。

二、成本计划

成本计划属于企业生产经营总预算中的一项工作内容，它用货币的方式来衡量企业在一个生产周期内产品的消耗以及产品的成本水平，用书面的方式来呈现企业成本降低的程度以及采取相应的措施。成本计划属于事前管理措施，它是企业生产管理中的重要内容。企业想要更好更快地发展，就要制订科学合理的成本计划，分析成本计划与实际产生的成本间存在的差额，找出改进的方向，以增加相关部门业绩，在提高产量的同时，降低成本。成本计划是企业整体预算的关键环节，企业的经营管理离不开成本计划。

三、成本决策

成本决策是指企业依据所掌握的各种决策成本以及相关的成本数据，对各个备选方案进行分析与比较，从中选出最佳方案的过程。成本决策以成本预测为基础，是企业整个成本管理中一个必不可少的环节。它对成本计划的制订、企业成本的降低以及经济效益的提高具有重要的作用。

企业成本决策涉及的内容众多，包括可行性研究中的成本决策以及日常生产经营过程中的成本决策。可行性研究中的成本决策因投入较大数量的资金来研究企业的成本，因而这类成本与财务管理有着较为密切的关系；而生产经营过程中的成本决策以充分利用现有的企业资源为前提，以尽可能低的、合理的支出成本为标准，属于日常生产经营管理中的决策范畴，如生产资料外购或自制的决策、产品或服务最优组合的决策、生产大批量还是小批量的决策等。

企业在进行成本决策时，不要急于求成，也不要只注重效率和结果，而要通过科学合理的成本决策流程来进行最后的决策。成本决策是一个提出问题、分析问题以及解决问题的系统的决策过程，在决策中还应当注意以下三点。

（一）成本决策不能过多地掺入主观因素

企业在进行成本决策时，必须以真实准确的会计计量数据为依据，尽可能地参考完整的生产经营数据，即企业实际发生的交易活动数据；而后再根据企业成本计划的内容和方向，保证企业的生产消耗和成本水平在一定合理的范围内。所有需要参考的数据都必须有理有据，既不能掺杂个人的主观臆断、带有个人的感情色彩，也不能受其他人为因素和环境因素，或是其它主观因素的影响。只有这样，才能保证企业的成本决策具有可参考性，也才能保证企业未来发展方向的正确性，使之不会偏离良性的发展轨道。

（二）成本决策必须要有明确的目的

企业在进行成本决策时，必须要有明确的目的，即不是为了决策而决策，而是为了解决某一个问题或是某一方面的问题。只有明确了决策的方向和目的，成本决策工作才会有侧重点，这样，决策工作才不会盲目，没有重心。当然成本决策所要解决的问题，必须与企业发展的大方向相一致，不能与企业的文化与经营理念相违背，也不能与企业所有者的利益相冲突。这样，综合各方因素制定出的成本决策才会具有更为实用的可执行性，才是一个"脱虚向实"的较为理想的成本决策。

（三）成本决策必须群策群力，综合各方的意见

企业成本决策必须是大家集思广益和群策群力的结果。一个人的知识水平和经验能力毕竟有限，决策需要大家首先从不同角度来反复分析，斟酌决策的方向以及决策方案的可行性；然后，再将各方的意见进行整理汇总，并结合企业的发展方向，最后制定出切实可行的决策方案。

四、成本核算

成本核算是指将企业在生产经营过程中发生的各项支出，按照一定的对象进行分配和归类，以计算总成本和单位成本。成本核算通常以会计核算为基础，以货币为计量单位。企业在进行成本核算时，首先，应当审核生产经营的管理费用，要判断其是否已经产生，已经产生的费用是否应当计入产品的成本，实现对产品成本和生产经营管理费用的直接管理和控制。其次，对已产生的费用按照用途进行合理分配和归类，进而计算出各种产品的总成本和单位成本。

五、成本分析

成本分析就是利用成本核算及其他企业的相关会计计量资料，针对企业的成本水平与构成的变化情况，系统地研究影响成本高低的各种因素以及变动原

因，寻找降低成本的方法[①]。成本分析是成本管理工作中的一个重要环节。通过成本分析，企业可以正确地掌握和运用成本变化发展的规律，实现降低生产成本的目标。此外，成本分析有助于企业进行成本控制，正确评价成本计划的完成情况，也可以为成本计划的制订和经营发展决策的做出提供重要的依据。

六、成本考核和奖惩

成本考核是指企业定期考查审核成本目标实现情况和成本计划指标数据的完成结果，全面评价成本管理工作的成绩。奖惩制度与成本考核紧密联系在一起，奖惩制度可以促进成本考核的顺利开展，使企业中的各个部门对成本考核更加关注，以成本考核机制为工作的重心，同时体现了成本考核与奖惩制度的先进性与时代性。

传统评价成本考核的方法通常存在着缺乏全面性、准确性、一致性、科学性以及公正性等不足之处；而现代成本考核融入了更多的综合评价思路，其中包括成本岗位的工作考核思路，并且引入了成本否决制的基本思想。企业实行成本否决制的本质是以经济效益为中心，追求最大收益。

第五节　成本管理的原则

成本管理最根本的目的就是在合理的范围内最大限度地降低成本。企业在进行成本管理的过程中，需要遵循以下四点原则：成本最低化原则、技术与经济相结合的原则、全面成本管理原则以及专业管理与全员管理相结合的原则。如图 3-9 所示。

[①]　万寿义，任月君.成本会计第 5 版 .[M].沈阳：东北财经大学出版社，2019：250.

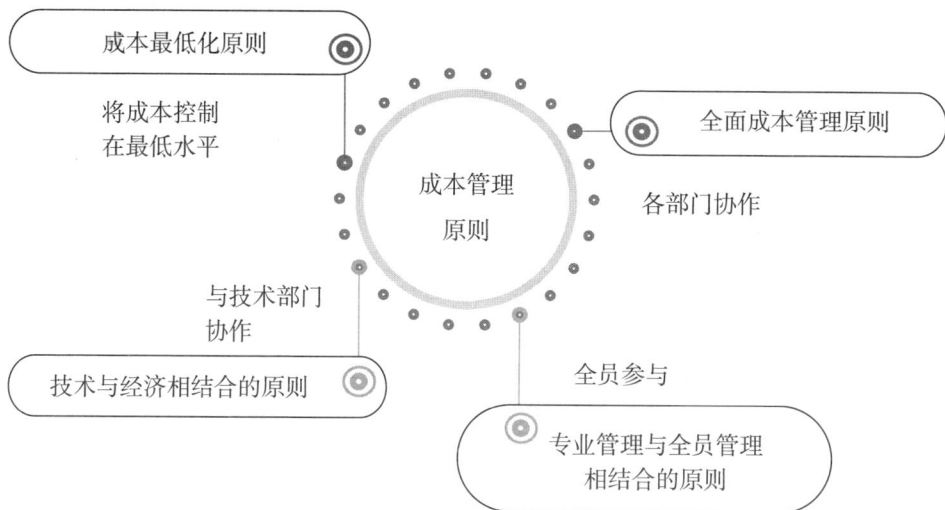

图 3-9 成本管理原则示意图

成本管理原则的核心是尽可能地降低成本，当然，必须要在保证企业正常生产经营的前提下进行；同时，还要全员参与，企业内部各个部门进行通力合作。下文将对成本管理的四项原则进行详细阐述。

一、成本最低化原则

成本管理的主要目的是将成本控制在最低水平，研究各种降低成本的方法，以减少企业不必要的耗费，并提高企业利润。在这一原则的指导下，企业应当先对成本降低的可行性进行深入的分析和探讨。在企业实际的生产经营过程中，影响成本的因素有很多，如果所有因素都能达到最佳的状态，那么企业经营成本的降低效果就最为明显。企业制定具备可行性的最低成本目标，需要经过有效的控制和管理措施，并使相应的措施落实到位，以期达到预期结果。

企业成本管理应尽早开始，开始得越早，企业受益的时间也就越长，在某一个小的细节取得一定的效果后，就会带动其它环节的改善。企业在追求成本最低化时要注意把握好尺度，在有些情况下，企业并非把成本降到最低就是最佳的选择。有时，成本压到很低时，就会直接影响产品或服务的质量。

二、技术与经济相结合的原则

企业在进行成本管理的过程中，技术因素发挥着很重要的作用。由于成本的控制涉及产品或服务的技术创新升级，涉及产品包装设计的改进，涉及产品材料的选用等方面。因此，成本管理并不只是会计部门的工作，它与技术部门、生产部门等很多部门都有着广泛的关联性。其中，技术部门提供技术理论的支持，生产部门可以从生产实践中提供一些实用的经验和方法，而管理部门则负责各个部门之间的沟通与协调。会计部门统筹各个部门的工作成果，制定出详细的、可行的成本管理方案，并负责方案中的各项内容的落地执行。

三、全面成本管理原则

企业的成本管理往往并不是表面上的实际成本或是生产成本的管理，真正的成本管理涉及企业各个方面的工作及流程。它是企业内部的一项系统工程，需要各方协调配合，每个部门、每位员工都要为此付出自己的努力。不论哪一个环节出现问题，都会影响成本管理整体工作的进行。

四、专业管理与全员管理相结合的原则

企业的成本管理是一项专业性很强的工作，要由专业从事成本管理的会计人员组织开展这项工作。同时，成本管理需要企业的每个员工都参与到这个体系中，因为任何一个环节出现问题都有可能影响到其他员工的工作积极性。成本管理的专业人员可以在实施成本管理之前，对企业员工进行相关知识的培训，让每位员工都树立成本管理的意识。当然，其他非专业人员也可以将自己积累的工作经验，以及成本管理的方法分享给会计部门，使企业不断提高自身的成本管理水平。

成本管理除了要注意以上四项原则外，还应当注意在这一过程中保证企业正常的生产经营活动，以及产品或服务的质量，不能一味地追求成本的减缩而选用质次价高的原材料或是服务水平不达标的供货商。企业生存的根本仍然是过硬的产品质量，以及高品质的服务。同样，成本管理也不能以牺牲顾客的满意度为代价，成本的缩减很有可能会影响产品的质量和性能，或是服务的质量，而这些会直接影响顾客对产品的印象，久而久之，顾客会逐渐对该企业的产品或服务失去信心。

成本管理是在不影响产品正常生产与销售的前提下，开展的提高自身管理水平以及利润率的一种管理方式。成本管理的方案和措施要有很强的融合性，可以融入每个员工的日常工作中，而不能过多地影响员工正常工作的进行。除此之外，成本管理还要考虑管理本身所花费的成本，并将开展成本管理后所增加的管理费用与节省下来的成本进行对比，综合评价成本管理是否有必要实

施。如果成本管理的管理费用远大于企业节省下来的成本费用，则企业就没有必要进行成本管理，或者是考虑更换成本管理的方案。

技术的升级可以促进成本管理的发展。若企业成本管理较为严苛，则会或多或少地影响企业自身的技术升级，而技术的落后也会反过来影响成本管理的水平。

第六节 成本管理的路径

上两节介绍了成本管理的概念和原则，对成本管理有了一定的认识，下文将从经验、历史数据、预算目标、标杆目标、市场需求以及价值分析六个方面介绍成本管理的路径和方法，如图3-10所示。

企业成本管理的路径主要分为企业内部层面与企业外部层面两大方面，经验、企业历史数据、成本预算目标以及企业价值分析属于企业内部层面，而标杆目标和市场需求属于企业外部层面。从两个大方向对企业的成本进行管理，可以最大限度地降低企业生产运营成本，下文将详细阐释如何从操作层面有效降低成本。

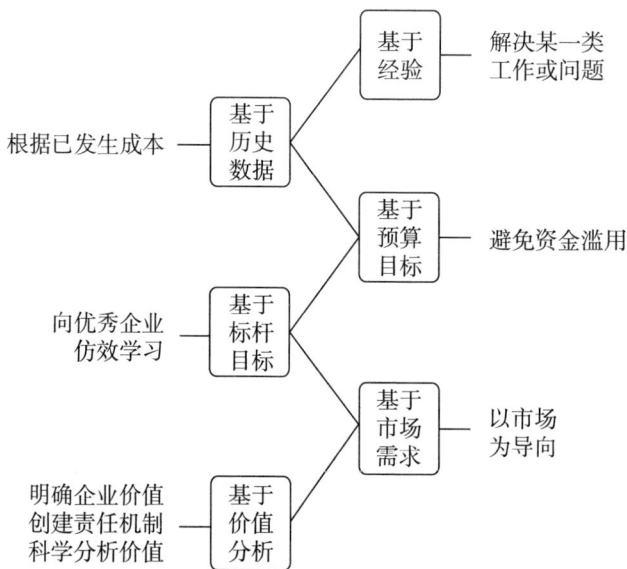

图3-10 成本管理路径示意图

一、基于经验的成本管理方法

基于经验的成本管理方法是一种最基础的管理方法，在企业管理实践中应用最为广泛，在某种条件下效果也最为显著。很多企业的成本管理都根据基于经验的成本管理方法开展管理，这种方法也是其他成本管理方法的最底层逻辑。基于经验的成本管理方法是管理者根据以往的经验来实现对管理对象的成本管控，从而达到简单、高效和减少损耗的目的。例如，经验中有"货比三家""尽量杀价"，如此一来，在降低采购成本的同时，可以最大限度地保证产品的质量。管理者可指导员工在采购时按此经验来议价和寻价。企业会制定一系列的规章制度来限制员工的这类行为，这样不但会降低工作效率，而且也会增加相应的成本。

此外，基于经验的成本管理方法也存在着一定的不足之处。其中包含很强的个人主观意识，因而受个人自身的影响较大。当今社会发展愈加迅速，技术更新迭代的速度也在不断加快，过往的经验很难跟上时代发展的步伐。因此，当问题发生变化时，通常就会超出人们经验的认知范围，经验也就随之失去其功用。

成本管理的经验通常只是针对某一类工作或者问题，其没有普遍性，并且也没有一定的规律性。所谓经验，并不是系统思维的结果，大部分问题不能拿来照搬，其应用的限制条件也很多。因此，基于经验的成本管理方法可能对于具体问题和具体工作来说有一定效果，成本也会降低，但就企业生产经营活动的整体而言，有可能产生消极的影响，甚至还会造成整个系统成本的上升。

二、基于历史数据的成本管理方法

基于历史数据的成本管理方法，是根据历史上已经发生的成本，取其中的平均值或是最小值的成本管理方法。企业通常会选择以最小值作为当前经营阶段或是下一经营阶段的最高成本控制标准。例如，在过去一年时间里，某工业企业生产原材料的平均或最低采购价为 1 100 元 / 吨，企业的采购部或采购个人就会将 1 100 元 / 吨的价格，确定为当前或是未来一段时期同标准生产原材料的最高采购价格，以对成本进行管理。此种方法普遍应用在制造业以及工程建设类企业中。

基于历史数据的成本管理方法的前提是，物价在一段时间内保持稳定，并且有下行的趋势。因此，如果物价出现周期性上涨的情况，企业就会因为局限于历史数据的束缚，不能及时进行调整，而错过采购生产原材料的最佳时机，导致企业生产资料短缺，影响企业正常的生产经营。在某些行业领域，产品的质量越来越低，这与企业利用基于历史数据的成本管理方法来控制采购的原材料的价格成本有着直接的关系。另外，当物价下跌的幅度超出预期时，企业受历史数据的影响，相关人员反应迟缓或存有私心，也会给企业带来不必要的损失。

三、基于预算的目标成本管理方法

在如今的经济发展中，严格采取预算的目标成本管理方法的企业较少，虽然很多企业意识到通过预算管理来实现目标成本管理的方法具有显著的优越性，每年也会让财务部门制订相关的预算计划，但在实际操作中，由于相关人员对预算管理知识的认知有限，在日常生产经营中也没有积累相关的财务数据，同时缺乏相应的组织管理架构，因此，做出的预算往往是以企业管理层的意志为转移的、脱离实际的预算计划。

而真正的基于预算的目标成本管理方法，应当由具备成本管理相关专业知识的人员根据企业以往的生产经营数据、企业未来的发展规划以及企业现阶段人员的生产力等制定。而后经过企业内部讨论及修改，确定最终方案。预算方案中应当明确未来企业需要的经费总额、需要使用经费的部门、掌管经费的人员、经费如何使用等事项，并且要分析清楚资金的来源，甚至还要清楚各种所需购买的生产材料未来的价格走势。这样，按照预算计划使用资金，就可以避免资金的滥用。方案一旦制定，企业上下就应当严格按照既定的计划调整自己的工作流程，落实方案内容。企业管理层要做好各部门的统筹协调工作，建立完善的奖惩制度，将监督权下放到财务管理部门，对于不按方案执行的、或是执行不到位的部门或个人，可给予一到两次改进的机会。如若改进效果不明显，再进行批评和处罚。同时，可以选出有突出成绩的团队或个人，进行公开表彰，以激励其他团队或个人。

基于预算的目标成本管理方法也存在需要改进的地方，毕竟计划只是对未来可能发生事物的一种预判，这种预判只能无限接近于事实，但总会或多或少地与实际发生的事情有出入。这种成本预算的管理方法在具体实施过程中，往往有失灵活性，若企业准备的备选方案或应急预案不足的话，很可能会出现手足无措的情况。因此，企业在制订成本预算计划时，应当尽可能地考虑未来可能发生的某些情况，并将预想到的情况进行汇总，针对每种情况，都制定出相应的应对方案，以便在事情发生之时，企业可以及时进行调整，不会束手无措，无法应对。

四、基于标杆的目标成本管理方法

标杆指榜样或样板，指如果一家企业在某一方面做得比其他企业优秀，那么，这家企业就可以成为一个样板，来供其他企业仿效学习。只要有企业在一个领域表现出色，那么其他企业就可以学习其经验，以达到相同的经营表现，或者是超过样板企业的表现。

例如，当一家企业在某一方面的表现极为优秀时，如成本管理到位、企业业绩突出、产品质量优良、企业凝聚力强等，其他企业就可以学习这家企业的成功经验，不用照搬其方法和模式，可以选择适合本企业经营发展的方式，以更快地提高本企业相对应的能力水平；这个样板也可以是企业内部某个部门或个人之前创造的一项纪录，企业可以以此为样板，让其他部门或个人向这个样板式的具体目标学习并为之努力，或者是超越该目标；此外，这个样板也可以是本企业过去某项突出的绩效，以此为目标，对本企业未来的发展和进步提供一个可参考的标准。这样的样板最大的好处在于，企业在过去的某个时间点曾完成过这个目标，过去的某些经验可以直接拿来用，并且相应的方法和路径也最适合该企业执行。

一些经营良好的大企业往往都会设有专门的部门来进行成本管理，这个部门对企业现有的财务数据、日常工作、原材料的采购、生产工艺、工作标准等，通过专业的分析，找出可替代方案，在不影响产品及服务质量的前提下，相应地降低成本。这种方法在业内表现出色的企业中应用较为普遍，并且形成了一套完善的制度。而其他公司只是照猫画虎式地学了一些皮毛，只学到了成本管理的外在形式，既没有深入到管理层，同也没有将其制度化。其原因是，这些企业所学习到的是优秀企业的成功经验，但这些经验不可能完全适用于所有企业的具体发展情况，再加上有些企业求变心切，不能安下心进行成本管理的改进，因此，也就不可能制定出适合自己的完善的成本管理制度。另外，企业要开展基于标杆的目标成本管理方法，前期就会投入一定的人力、物力和财力，甚至要设置与之相关的部门，同时从事这一管理的工作。有时在短时间内看不到明显的成效，这就导致一些企业在未开始时就选择了放弃。

五、基于市场需求的目标成本管理方法

这种方法指的是通过市场上原材料以及劳务和服务等的价格，来调节企业自身成本管理的管理方法。这一方法以市场为导向，随着市场的变动而随时调节企业的成本管理。

例如，一家制造业企业研发出一台智能设备，但这台设备需要用到各种金属原材料及机器配件，企业确定这台智能设备的市场价格为40万元，而该智能设备投放市场后的毛利为20万元，则这样一台智能设备的目标成本为20万元。但通过市场调研得出的较为精确的计算得出，一台这样的设备所花去的总成本为25万元，超出目标成本5万元。因此，这家企业的技术人员重新对智能设备进行研究和改良，用同品质低成本的金属原材料和机器配件进行替换，最后将整套设备的成本降到20万元左右。新设计最终达到了目标成本的要求，企业可以正式进行量产。这种基于市场需求的目标成本管理方法已被很多企业采用，并且经过反复的论证，验证这一方法的有效性。

这一方法在竞争激烈的行业领域里被广泛使用，企业迫于生存的压力，不得不进行成本管理，并根据市场行情的变动而及时地进行调整。不管是市场形势，还是企业自身的发展，只有变化才是永远不变的，企业要想长久地可持续地发展下去，就只能通过调节成本来适应不断变化的环境。

六、基于价值分析的成本管理方法

在企业的生产经营发展过程中，处处都会涉及成本管理，它可为企业节省更多的成本，创造更多利润。以往企业中的成本管理只是流于表面，缺乏真正意义上的专业化管理思路和方法，科学专业的成本管理应当建立在价值创造的基础上，也就是根据企业生产经营过程中的每一项工作所产生的价值来分配成本的分布。这样就可以使企业经营正规化，也使企业的成本管理真正发挥出应有的效用，如图3-11所示。

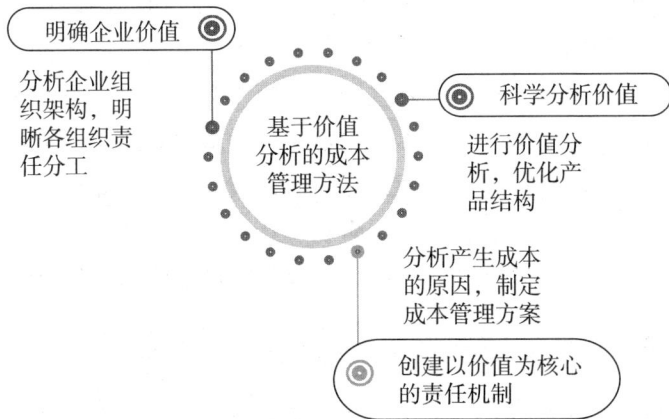

图3-11 基于价值分析的成本管理方法示意图

基于价值分析的成本管理方法是以企业价值和企业成本管理责任机制为着眼点，通过科学专业的分析方法进行的成本管理方法。明确企业价值是大方向，科学的分析方法是路径，最终建立起以价值为核心的成本管理责任机制。下文将对企业成本管理的三个方面进行详细阐述。

（一）明确企业价值

在明确企业价值之前，应当先对企业的组织架构进行深入的分析，明确各个组织的责任分工，为之后的成本分配提供良好的组织基础。先要加大对企业生产中的重点产品或重点服务产品的重视程度，将种类产品进行分级分类管理。加强对这些重点产品的成本管理，从生产前的原材料采购、产品设计、产品各项标准的设置以及生产后的销售环节等，制定一系列的成本管理方案，使企业员工在执行过程中有标准可依，能够清楚地知道每项工作的标准和要求，为后面的责任机制的创建做铺垫。

（二）科学分析价值

企业在明确了自身价值以及建立了一套以价值为核心的责任机制之后，就应当对生产经营过程中产生的价值进行深入的分析和研究，筛选出价值含量高的产品或服务项目，剔除价值含量低的产品或服务，以优化产品结构。在低碳环保的社会环境下，还要考虑能源的损耗和浪费情况，以碳中和为最终目标。企业在进行自身的成本管理时，也要要求与之相关联的企业或供应商达到自己的成本管理标准，以此形成购、产、供、销全产业链的成本管理系统。

综上所述，基于价值分析的成本管理方法可以弥补传统管理方法的不足和局限，对企业成本以及企业组织管理进行进一步的改进和优化。科学的成本管理不仅可以有效降低企业的各项成本，还可以提升企业的市场竞争力。

（三）创建以价值为核心的责任机制

企业在整个生产经营过程中都涉及成本的投入，相关成本管理部门所要做的就是深入分析产生这些成本的原因，根据分析的结果来制定相应的成本管理解决方案。通过科学的方法，从源头上对成本进行管理，这种方式可以有效地改善成本状况，也是效率最高的方式。为了可以顺利地开展此项工作，企业中可以设置专门的成本管理部门来负责，并且配合以相应的考核评价制度，制定出具体的考核标准，让企业中每位员工都清楚自己工作的重心，知道自己工作的努力方向，以及做好了有哪些奖励，执行不到位会有哪些处罚。如此一来，既提升了员工工作的积极性，也给员工指明了工作方向。

第四章　营运资金管理与筹资管理

本章将对企业营运资金管理和筹资管理进行详细介绍，其中涉及营运资金管理与筹资管理概述、营运资金管理的应用、筹资管理的发展现状以及企业融资方式的选择几方面的内容。

第一节　营运资金管理概述

本节主要阐述营运资金管理相关概述，包括营运资金管理的定义和营运资金管理的发展。

一、营运资金管理的定义

广义上的营运资金是指企业所有流动资产的总和，又可称为毛营运资金；狭义上的营运资金是指流动资产与流动负债后的差值，也可称为营运资金净额或净营运资金，在财务管理中使用较多的是狭义上的概念。流动资产指的是在一年或一年以上的经营周期中可以变现或是耗用的资产、现金、存货、作为短期投资的有价证券、应收和预付款项等；而流动负债指的是企业在一年或一年以上的经营周期里所要偿还的债务。它可以在企业的生产经营过程中以不同的形式同时存在，如应付职工的工资、应付及预收的款项或短期借款等。营运资金的多少可以反映企业的资金储备情况，以及应对不确定性风险的能力，甚至还可以反映出企业的生产经营状况是否良好。

营运资金管理的主要工作就是对企业流动资产以及流动负债的管理。一家企业要想维持正常的生产经营活动，就必须要有一定量的营运资金作为保障，因此，可以说，营运资金管理是企业财务部门的一项重要工作内容。有关数据显示，一家企业的财务部门通常会用 60% 左右的时间和精力来进行营运资金管理。而要管理好企业的营运资金，最重要的就是要解决好流动资产和流动负债这两个关键性的问题，也可以理解为以下两个问题。

第一，企业财务部门应当把更多的时间和精力放在流动资产管理上，或者是资金运用的管理上。其中，资金运用的管理包括应收账款管理、现金管理以及存货管理。

第二，企业应当如何进行流动资产的融资，或者说是企业如何进行资金筹措的管理，其中包括商业信用管理以及银行短期借款管理。

由以上内容可以看出，营运资金管理的主要工作就是对资金运用和资金筹措的管理，企业只有解决好这两个问题，才可以做好营运资金管理。

二、营运资金管理的应用

近些年，全球经济受诸多突发事件以及不确定性因素的影响，一直处在低速增长的轨道，全球市场的活跃度也受这些因素的影响，短时间内难以提振。加之某些国家去全球化的意图日益明显，全球互联互通的大格局受到严重的挑战。因此，国际金融市场的波动也日益加剧，中国经济想要从这些不利因素中谋求发展，难度可想而知。受此影响，我国不得不改变发展战略，转化为国内国际双循环发展战略，这就需要政府出台一系列的经济刺激政策以及经济调控政策，企业应当制定相应的营运资金的决策与管理措施。

企业想要在不稳定的、竞争愈加激烈的环境中谋求自身的稳定与发展，就要提高自身的生产和营销能力，在快速占领更多市场份额的同时，注重对企业营运资金的管理。尤其要注重对财务报表中的各项指标的分析、汇总和综合，这样可以让公司管理层及时发现企业发展中存在的不足，并调整发展方向。同时，财务报表也可以提供真实、详细、全面、系统、可靠以及有说服力的企业经营数据，为企业制定发展决策提供理论上的依据。在激烈的竞争环境下，营运资金管理作为企业财务管理的一项重要内容，越来越受到企业的重视而。在经济全球化的大背景下，企业必须要应对瞬息万变的市场环境，要想在激烈的市场竞争中求得生存与发展，就要改变过去粗放式的管理模式，采用更为精细化的财务管理，营运资金管理可以细分企业的管理体系，将企业管理落实到细微之处，落实到每一位员工的每一项工作中，使员工的工作有理有据，避免盲目性和随意性。

营运资金作为企业资产中流动性高且最有活力的资金，是企业资产中最重要的部分。企业营运资金管理水平的高低，直接影响着企业资金周转的快慢和盈利能力的大小。因此，企业必须重视营运资金管理，并将其摆在重要的位置，整个企业都要有意识地参与到营运资金的管理中，将自身工作与其相结合。实施营运资金管理，企业各部门应将各自的工作进行相应的调整，以适应营运资金管理的流程，保证资金管理顺畅通达，用精准真实的数据，支撑资金管理的持续健康开展，把企业资金规模控制在一个合理范围内，既不造成资金闲置，也不产生资金短缺的情况。

资金管理是我国对国有企业资金的来源和使用进行规划、控制、管理及考核等工作内容的总称，其中包括流动资金管理、固定资金管理以及专项资金管理。在国内，很多企业对营运资金管理缺乏应有的重视，企业在资金管理方面既没有较大的人力、时间和资金等的投入，也没有相关专业人士从事这方面的工作，导致企业的营运资金管理工作实施不到位，甚至一些企业根本没有对资金管理加以重视。国内的金融市场或投资市场还有待完善，一些机制体制不够灵活，宏观控制还处于逐步加强阶段，一些产业仍存在产能过剩的情况，与此同时，产品的需求却没有明显的增长。

另外，受国际大环境的影响，国内出口增速放缓。企业在几重压力之下，必须要进行精益管理，尤其是要对营运资金实行精益管理，以便能够有效地提高企业在国内甚至是国外市场上的竞争力。企业也必须制定适合自身发展的长远战略，用长远眼光确定公司发展的大方向，而后通过微观视角进行企业资金管理，确立盈利为企业的根本生存原则，不断通过精益的营运资金管理，拓展企业的获利空间，提高企业的获利能力。对企业的营运资金进行合理的规划、分配、控制、监督、管理以及审核，同时带动企业在人力资源、组织构架、生产研发、市场营销、客户服务等方面的管理体制建设。

在帮扶企业方面，政府实施了减免税费等一系列措施，尽可能地减少企业在生产经营过程中的负担和压力，让企业轻装上阵，并将更多的精力投入到生产、研发以及提升产品和服务的质量上。同时，国家也在极力支持"大众创业、万众创新"，但企业若想在日益激烈的市场竞争中长久生存，除了政策的支持外，还要加强自身的管理能力和生存能力。如果企业自身的管理出现问题，尤其是营运资金管理出现问题，会直接影响企业的利润水平，甚至还会导致企业自身发展的停滞，而企业一旦失去发展动力，生产经营没有活力，就会面临停产或倒闭的风险。

国内早期的企业中并没有资金管理的概念，家族式的管理模式带有很强的随意性和不确定性，企业发展没有长远规划，通常走一步算一步，在经营管理中遇到什么样的问题就解决什么样的问题。有的企业的生产发展资金大多由国家财政支持，因此，企业内部不需要计算资金的使用成本，也不需要考虑资本的收益问题，更不涉及自负盈亏的情况。在这种环境下，企业自身没有所谓的营运资金管理，通常只是对企业的生产原材料、物资储备、生产设备以及制造机械等的收发情况、实存数和产生费用的金额等进行统计。企业在这种状态下，也就更谈不上拥有生产发展的原生动力，既然依靠国家的扶持就可以解决生存问题，那么，也就没有必要耗费很大的精力去研发设计产品。

而如今，随着我国经济稳步且向高质量发展迈进，企业逐渐意识到资金管理的重要性，相关的工作也在持续改进中，并且不断地进行自我完善，营运资金管理所涉及的管理内容越来越丰富、系统、全面。市场竞争的需要以及国家发展的要求，迫使企业在资金管理方面必须进行改革和创新，引入先进的管理理念，打破资金管理原有的只计算收支情况的简单工作模式。企业要对营运资金管理进行专业且细致的分类，企业的资金管理通常分为流动资金管理以及非流动资金管理，并且企业要根据其生产经营情况、财务状况、现金收支流量、利润情况等信息，得出企业实际获取的收益。

第二节　筹资管理概述

本章前面一节介绍了营运资金管理的相关概念以及营运资金管理的发展，明确了营运资金管理在企业的生产经营中占据的重要地位，企业也逐渐意识到营运资金管理所发挥的不可替代的作用。本节将从五个方面进一步介绍营运资金管理应用的相关内容，如图 4-1 所示。

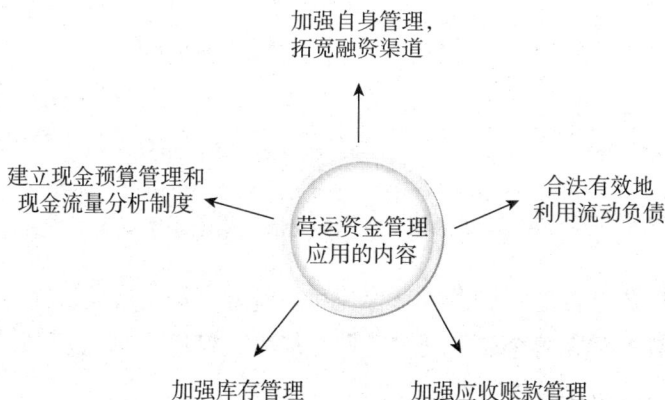

加强自身管理，
拓宽融资渠道

建立现金预算管理和
现金流量分析制度

营运资金管理
应用的内容

合法有效地
利用流动负债

加强库存管理

加强应收账款管理

图 4-1　营运资金管理应用的内容示意图

营运资金管理应用的对象是企业资金，因此，企业应从自身管理做起，并建立一套科学合理的管理制度，让企业营运资金的管理工作流程化和制度化，减少人为因素的影响。使用资金前应做好规划，对于流动负债，要进行合法、有效、适当的利用，所有资金运作以不影响企业的短期和长期发展为前提。下文将对营运资金管理应用的内容进行详细阐释。

一、加强自身管理，拓宽融资渠道

加强自身管理，拓宽融资渠道，主要从规范自身发展和提高融资信誉、完善信用担保体系、改善直接融资方法三个方面进行，如图 4-2 所示。

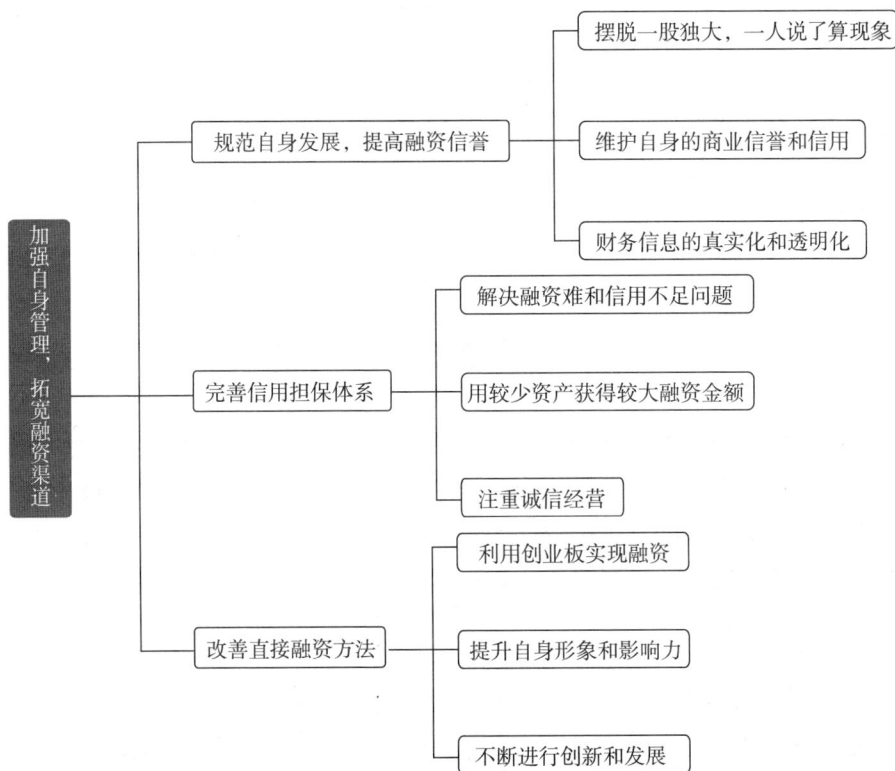

图 4-2　加强管理和拓宽融资渠道示意图

企业营运资金管理中加强自身管理和拓宽融资渠道都是针对企业自身实行的措施。只有不断完善企业管理，企业才能得到健康、良性发展，因此，企业的商业信誉和信用才可能得到提升。

（一）规范自身发展，提高融资信誉

企业在生产经营过程中要想顺利实现融资，拿到生产发展所需资金，就要不断提高自身的管理能力和水平。只有这样，才有可能满足金融机构融资的指标要求，而在满足这一要求的过程中，应当做到以下三点。

第一，企业要尽可能摆脱一股独大，一人说了算的现象。为解决这一问题，企业可以引进战略投资者，稀释公司股份，由一人说了算转变为多人共同决策，让企业未来的发展决策通过多人商议来制定。一些中小企业由于某种原因，不愿采用引入战略投资者的方式，而会选择在企业内部实行股权激励措施或是管理层收购的方式，这也是让企业管理层和决策层相统一的一种有效方式。管理层需要一定的决策权，企业管理层掌握着企业生产经营活动的一手资料和数据，他们也最清楚企业未来的发展方向和企业自身存在的问题以及不足。管理层掌握一定的决策权可以让企业发展战略的制定更加贴近企业发展的实际情况，具有更强的可操作性，也更有利于企业的长远发展。

第二，企业在生产经营过程中，要注意维护自身的商业信誉和信用，保持良好的信用记录。不断积累商业信誉和信用的过程，就是企业不断提升其在市场或行业中的地位的过程。企业只有具备了良好的信用体系，才能在不断变化的市场大环境中得以立足，才能不断发展壮大。除此之外，还能赢得政府、市场、行业、供应商、消费者以及社会的认可。企业只有商业信用良好，在需要生产发展资金的时候，才能顺利获得发展或扩大再生产的融资机会，或者得到低息的贷款支持，这也是降低企业融资成本的一项有效措施。

第三，企业内部要规范自身的财务管理行为，从根本上做到财务信息的真实化和透明化。企业要严格依照相关法律法规、制度以及准则的要求，实现企业财务信息的公开、透明、真实和客观。更重要的是，对财务数据要实行信息化管理，并且随着科技水平的发展，还要不断提高和改进信息化的管理水平，以信息化带动企业财务管理水平的提高。与此同时，企业还要将整个生产经营活动中的数据和资料进行信息化管理，健全相应的管理制度以及完善相应的流程设计。这不仅有助于金融机构更好地了解企业的生产发展状况，提供更适合企业发展的融资方式，还有助于企业对其生产经营水平、组织构架的合理性、生产效率、人力工作效能、资金的流动性、资产的使用状况、企业受市场等环境的影响程度、企业的营收状况等信息形成更为全面、系统、多维和清晰的认识。

（二）完善信用担保体系

一些中小企业向政府或银行申请贷款困难，而企业信用担保体系的建立，可以很好地解决这部分中小企业融资难和信用不足的问题。信用担保贷款为中小企业分担了相应的金融风险，这也就提高了金融机构向这部分中小企业发放贷款的积极性。通过信用担保贷款，中小企业可以用比较少的资产来获得较大的融资金额，这能够在很大程度上帮助其顺利且及时地进行扩大再生产以及生产研发，以应对不断变化的市场竞争环境。但需要注意的是，信用担保贷款的担保费通常较高，企业要根据自身的营收能力，来决定是否选择信用担保贷款的方式。企业要想谋求长远发展，解决融资问题，顺利地拿到融资资金，就要积极寻找适合企业自身经营状况的担保公司，从而以较低的成本拿到充足的生产资金。担保公司通常最看重企业的生产经营能力、组织管理水平、发展潜质以及人员素养等方面的情况。因此，企业更要注重诚信经营，遵照国家法律法规从事生产经营活动，并不断地提高自身产品或服务的竞争力。

（三）改善直接融资方法

为了进一步拓宽融资渠道，我国设立了创业板，以帮助众多科技型的中小企业通过发行股票来实现融资。创业板为这些有着巨大发展潜力同时拥有较高风险的中小企业提供了一条融资的便利通道。创业板中的上市公司通常规模较小，一般是有着巨大发展潜力的增长型企业，它们的上市条件相对来说更为宽松。

创业板的设立为中小企业提供了新的融资渠道，很大程度上解决了这部分中小企业融资困难的问题。这表现在企业通过上市的方式可以直接募集到生产发展所需的资金，解决自身燃眉之急；同时，创业板也为私募股权投资提供了退出机制，进一步鼓励和支持股权投资类企业发展，将社会闲散资金引导到中小企业的投资上。此外，创业板的设立也为企业和投资者提供了一个公开透明的渠道，企业可以借此提升企业形象和影响力，为自身产品或服务奠定坚实的基础。

创业板往往有着更高的股票收益，可以让投资者获得更为丰厚的利益；同时，高收益也伴随着高风险，这就要求投资者要时刻保持清醒的头脑，不能只关注表面数据，还应花大量的时间和精力去研究企业的生产经营状况，做一个长期投资者，伴随企业共同成长。而这些创新型企业所要做的，是不断进行创新和发展，不断提高自身资金管理水平，不断提升产品或服务的质量。发展才是硬道理，只有不断发展才能创造更多的社会价值；只有不断提高各方面的管理水平，才能保证发展的质量。

二、建立现金预算管理和现金流量分析制度

血液是维持人体生命活动所必需的物质，而现金就如同血液一样，是企业生产经营所必需的物质条件，充足且良性的现金流量是企业生存与发展的必要前提，企业可以凭借信息化的手段，来实现会计核算与预算控制的同步管理。通过现金预算，企业可以对未来经营过程中各个时间段的现金收支情况以及资金的使用和需求情况有一个整体的了解，以便企业在现金流量不充足的时期提前做好筹资准备，灵活调度资金，保障企业在生产经营过程中不出现资金链断裂的情况，保证稳定的产品或服务的输出，以及能够按时偿还债务。

建立完善的现金流量分析制度，可以系统地反映企业经营活动中各项财务收支情况的现金盈余水平，同时，能够有效地反映企业盈利的风险情况。通过对企业现金流量的分析，企业管理层或企业所有者可以清晰地看到，在一段时间内企业真实的财务能力以及企业的现金收益水平。另外，企业管理者也可以从中看到企业自身所具有的优势以及存在的不足，从而通过补强短板，加强自身优势项目，以优势带动弱势，以长板补齐短板。

只是进行简单的数据统计并没有任何意义，只有将收集到的财务数据进行汇总、整理、分析及得出结论，这样的财务数据才能发挥出其应有的价值。而严谨的结论可以进一步指导企业制定发展战略，同时有助于企业各个部门细化管理制度，将现金流量作为明确的制度标准，来衡量各部门的工作绩效。与此同时，不能完全依赖现金流量的分析结果来评判一个部门的工作成绩，如科技研发、创意设计以及营销推广等工作，很难用现金流量的收支来衡量其工作价值，此时的现金流量分析只能作为参考指标，要批判这些部门的工作更多地还要考虑诸如企业品牌价值提升、技术水平的领先程度、产品或服务的市场认可度以及市场占有率等因素。

三、加强库存管理

企业在进行原材料的采购时，可以采用提前订货模型和经济订货批量模型，来核定经济订货批量的数据以及提前订货的时间。有时，提前订货会有一些相应的折扣，企业在此之前如果能够规划好未来一段时间所需的原材料，就可以提前洽谈订货，并争取拿到较大力度的折扣。这样不但可以降低企业的采购成本，提升企业的获利空间，还可以保证生产经营所需原材料的供应充足。如果企业有较为长远的发展规划，就可以与原材料供应商洽谈签订一份长期的

合作合同，以进一步降低采购成本。这也在较长的时间内保证了企业原材料的充足供应，相应地避免因市场价格波动而带来的原材料价格的不确定性风险。

经济订货批量模型是通过平衡采购原材料的成本和仓储保管成本，最终实现产品总库存的成本最低的最佳订货量的模式。通过这种模式，企业可以实现订货成本和原材料仓储成本总和的最小化，这也是成本管理原则中成本最低化原则的应用和体现。各个企业的实际情况不尽相同，同一家企业不同时期所表现出的实际情况也各有不同。如果企业只依赖这个模式，或依赖某一个公式来计算最佳订货量，很可能会出现"刻舟求剑"的教条主义问题。经济订货批量模型提供的只是一种思路，虽然其也有很多相应的算式来解决各类不同情况的库存问题，但这些算式都有一定的限制条件，企业要根据自身实际情况以及库存的动态状况选择合适的方法计算最佳库存量。同时，企业还应当主动获取最新的库存数据，及时调整计算方式，以适应各种不同情况的需要，也可对这种模型进行适当的扩展和延伸，以便应对复杂的库存情况。

在库存的日常管理过程中，企业可以选择三种方法。

一是采用 ABC 分类管理法，集中有限的人力和时间对价值较高的产品或服务进行重点管理。此法对于规模较小的中小企业颇为实用，这类企业的人力资源以及财力资源通常有限，在这种情况下，就应当将有限的资源集中在高价值的产品或服务上。这部分产品或服务在企业的经营发展中也占有重要的位置，将其管理好，企业的发展也就有了稳定的基础。

二是结合企业自身的特点，采用轮番盘存和定期盘点的方法，盘点原材料和产品库存的实际数量，处理好盘盈或盘亏的情况，保证账面数量与实际数量相符。轮番盘存法通过对企业物资的多次清点以保证最终库存数据的真实准确，同时保证账面数量与实际数量相一致；定期盘点法通过相同的时间间隔对物资库存进行盘点，以保证库存数据的及时更新，也有助于企业管理层及时了解产品库存情况，针对出现的问题制定相应的对策。

三是尽可能地减少库存积压，减少资金的占压、浪费，并采用科学的方法来保证存货物资及存货资金的最佳结构。企业应当通过打折或进行优惠活动的方式，将已经过时或即将过时的物资进行折价处理，以盘活资金。如果存货过多，资金占用得过多，就会产生相应的库存管理成本、物资折旧成本以及资金的机会成本等，这些都会在无形之中加重企业的负担。进行营运资金的管理以及库存管理就是要解决资金以及物资使用率偏低的问题。

此外，随着当今市场竞争的逐渐加剧，以及企业对于效率认识的逐渐加强，提出了零库存的理念，开创了相应的适时制管理系统，并在国外得到了广泛的推广。现在国内企业已经在这方面有了一定的认识，但离真正地实现还有一段距离，需要时间以及经验的积累。一些规模较大的企业已经开始将其运用到企业的库存管理中，并取得了一定的成效。其他企业应当以此为努力的方向，通过制度设计、管理水平以及信息化技术的应用来接近甚至实现零库存理念，以帮助企业压缩存货资金，节约流动资金，将有限的资金用到企业产品创新、技术研发以及扩大再生产等方面。

四、加强应收账款管理

应收账款管理也是企业营运资金管理中的一项重要管理内容。有些企业为了追求销售数据，尽快清理库存，追求表面上的利润提升，很多时候会采用赊销的方式来销售其产品或服务。但却因对赊销企业或客户的资金状况以及信用情况了解较少，从而不能及时地将货款收回，这就很容易造成应收的货款被客户拖欠的现象。这种现象一旦变得普遍，就会形成企业账面上的利润很高，但实际上企业的现金流量很少的尴尬情况[①]。

基于此，企业应当加强对应收账款的管理，应当将货物回款的任务分配到相应的业务员身上，也可将应收账款与业务员的绩效挂钩，或是业绩的核算以收回货物账款为标准，而不是以简单的签订销售合同为依据。企业的业务部门应当加强业务的培训和管理，让业务员树立一种及时催收账款的意识，并要将催收账款形成一套完整的工作流程。

首先，业务员要对赊销客户的信用情况和货物的使用情况有一个全面的了解，及时收集数据信息，在企业内部建立相应的客户数据库，并不断进行更新，同时要保证数据库信息的真实和全面。其次，业务员要对所收集到的信息进行跟踪分析，并制定出相应的催收账款的可行性措施。最后，业务员要根据催收账款的执行情况，及时做出调整和改进，直到将拖欠账款收回，从而降低企业的资金风险，提高资金的使用效率。除此之外，业务员要从中及时总结经验，财务部门可以借此帮助业务部门制定一套系统且完整的应收账款管理的流程措施，并在今后的工作中不断补充和完善。

五、合法有效地利用流动负债

企业对于流动负债的管理是营运资金管理中比较关键的一项工作，企业若

---

① 袁建国，周丽媛.财务管理 [M].沈阳：东北财经大学出版社，2021：83.

充分利用流动负债，并在合法的范围内对其进行有效使用，既可以最大限度地减轻企业的资金负担，也可以帮助企业更快地发展壮大。

企业的流动负债包括商业信用筹资的应付账款、银行的短期借款、预收账款、应付票据以及企业自发性筹资的应付费用等。不同的负债项目，其负债成本和负债风险也不相同。因此，制定合理的短期筹资组合是财务部门一项重要且细致的工作，合法合规并且有效地对短期筹资进行运作，可以很好地解决企业融资困难的问题。

企业应当在合法使用自发性筹资的基础上，充分利用商品采购结算时所形成的商业信用筹资，配以银行短期借款，以减少企业自身资金的占用。企业的财务管理人员应当制订流动负债使用计划，对各种流动负债方式要有清楚的认识，并结合企业自身偿还能力以及生产经营周期等相关信息，通过分析、比较、综合和集中商议，制定出一套最佳筹资和流动负债组合。与此同时，在保证企业自身商业信誉的前提下，尽可能多地使用流动负债，为企业带来更大的收益。

第三节　筹资管理概述

筹资管理指的是企业根据自身的生产经营情况，通过筹资渠道和资本市场，选择合理的筹资方式，以较低的资金成本筹集企业生存发展所需资金的一种经济活动。

一、筹资分类

企业筹资按照不同的分类标准，可以进行如下分类。

（一）债务筹资、股权筹资、衍生工具筹资

债务筹资指的是企业通过融资租赁、发行企业债券、对外借款以及赊购产品或服务等方式，来获取自身生产发展所需资金，并需要在约定的期限内进行偿还的筹资方式。

利用股权筹资可以形成企业长期持有的，并有权自主进行调用和配置的股权资本。在企业的生产经营过程中，投资者不能随意抽回股权资本，挪作他用，因此，可以将股权资本称为企业的自由资本或主权资本。

衍生工具筹资，其混合融资的方式同时具有债务和股权的特性。此外，还包括其他衍生工具融资。

（二）长期筹资和短期筹资

长期筹资指的是企业根据其生产经营、投资、调整资本结构的需要，通过资本市场或长期筹资渠道，运用长期筹资方式，有效筹集资金的经济活动。

短期筹资指的是企业为了满足自身短期流动性资金的需求而进行的筹资活动，企业通常通过流动负债的方式来取得所需资金。

（三）直接筹资和间接筹资

直接筹资是指企业不通过银行或其他金融中介机构，直接与资金持有者商定融资方式的一种筹资活动。直接筹资主要包括发行股票、发行企业债券、吸收直接投资等方式。

间接筹资与直接筹资相对，指企业通过银行或其他金融中介机构进行融资的一种筹资活动。间接筹资主要包括银行借款、融资租赁、信托贷款等方式。

（四）内部筹资和外部筹资

内部筹资指在企业内部通过计提折旧或留存利润等方式获得资金；

外部筹资与内部筹资相对，指除去企业内部筹资方式之外的其他筹资方式。

二、筹资原则

（一）遵循国家法律法规

企业的筹资活动必须在相关的国家法律法规所规定的范围内进行，所签订的筹资合同要符合相关法律法规的规定，同时，企业要及时或定期地进行信息披露，以维护各投资方利益。

（二）正确预估资金需求量

企业在筹资之前，应当准确预估自身所需资金量，企业应做到所要筹集的资金量与企业自身资金的需求量保持一致。若筹集的资金量过大，超出企业所需量，那么，就会增加企业的资金使用成本；若筹集的资金量不足，不能满足企业自身生产经营所需，那么，就会影响企业未来的发展。

（三）合理安排筹资时间

企业在筹资前，应当预估所需资金的时间，使资金到位时间与资金使用时间相吻合，若资金到位时间过早，那么，就会增加企业的资金使用成本；若资金到位时间过迟，那么，就会影响企业的生产经营规划。

（四）选择合理的资金来源

企业应当根据自身发展状况，选择合适的资金来源，以降低筹资成本，并且资金来源要安全稳定。

（五）优化筹资资本结构

企业在筹资过程中，还要综合考虑企业资本的结构组成，如平衡企业股权资金与债务资金的占比、长短期资金各自的占比、内部筹资与外部筹资的占比等，科学合理地配置企业资本结构。

第四节　筹资管理的发展现状

本书前文介绍了筹资管理的相关概念，以及在营运资金管理的应用过程中如何合法有效地利用筹资和流动负债组合，本节将进一步阐述企业筹资管理的发展现状以及分析中小企业所面临的融资难问题的原因。

随着市场经济的稳步发展和对外开放政策的不断深入，我国企业的筹资方式和筹资渠道日趋多元化，企业可选择的筹资方式越来越丰富，这在很大程度上解决了企业一直以来融资困难的状况。

我国中小企业贡献了全国 50% 以上的税收、60% 以上的 GDP、70% 以上的技术创新、80% 以上的城镇劳动就业。截至 2021 年年底，中小企业数量已经突破了 4 400 万家。可以说，中小企业是中国经济发展的主力军，为中国经济的增长贡献了巨大力量。但中小企业普遍存在规模小、员工少、生产资金缺乏以及管理不规范等现实问题，因此，从中小企业产生之日起，就一直面临着融资困难、发展缓慢的情况。政府高度重视中小企业的生存与发展，为中小企业融资出台了一系列优惠政策。下文将详细阐述中小企业的筹资管理。

一、中小企业筹资现状

近年来，国家逐渐加强对中小企业筹资的重视程度，并出台了诸多有利政策措施，中小企业的筹资渠道也更加丰富多元，在筹资的过程中，企业有了更多的选择。因而，中小企业筹资呈现三方面的特点：一是中小企业的筹资方式愈加多元化，筹资方式也愈加丰富；二是中小企业的内源筹资渠道仍是主要的筹资渠道；三是中小企业的筹资结构不稳定，处于不断的调整和变动中。为了详细了解中小企业的筹资现状，下文将着重从两个方面来进行阐述。

（一）筹资渠道多元化与形式单一化并存

目前，国内中小企业仍较多地选择银行信贷为外源筹资渠道，相较于其他方式来说，银行信贷的利息通常较低。但银行等金融机构仍以传统的融资结构为主，信贷方式没有较大的调整，致使银行的筹资形式仍旧单一，更多地沿用传统的融资审批流程和方式。中小企业由于自身规模小，生产经营通常存在着一定程度的不稳定性，加之管理缺乏规范性和专业性，大多情况下中小企业处于生存发展的挣扎阶段，这就使中小企业的担保具有很多问题，担保公司需要承担很高的担保风险，进而也就加大了中小企业从金融机构借款的难度。银行等金融机构出于自身风险考虑，同时在一定程度上受风险转移机制的影响，通常会减少对此类中小企业的借贷行为。

如此一来，中小企业只能选择民间借贷来满足自身的筹资需求，这也进一步限制了中小企业的筹资渠道。由于民间借贷利息较高，会加重中小企业的生产成本，无形之中挤压了中小企业的利润空间，中小企业扩大再生产的资金进一步被缩减，使得中小企业的发展变得缓慢，无法应对瞬息万变的市场竞争，中小企业生存将更加艰难。

综上所述，虽然表面上中小企业的筹资渠道在不断拓宽，筹资方式也更加多元，但可供中小企业选择的筹资渠道和方式有限，中小企业并没有从中得到应有的实惠，中小企业筹资仍更多地选择传统方式，筹资渠道多元化与筹资形式的单一化仍存在着矛盾，如何将相应的融资优惠政策落实到位，需要通过大量实地调研，以及中小企业参与其中进行有效探讨论证，如此方可取得应有的成效。

（二）筹资方式多样化与结构不稳定并存

国家逐步拓宽中小企业筹资渠道，使其拥有更大的选择空间，这对中小企业来说是极大利好；同时，随着科学技术的不断进步，更多的筹资方式也在不断涌现，互联网以及数字化的加持，让中小企业的筹资变得更加便捷。目前，中小企业除了原有的政府财政支出、银行信贷以及内部筹资等传统方式外，还出现了风险投资、租赁筹资和供应链筹资等方式，甚至一些成功上市的中小企业还可以通过发行股票以及债券来获得所需资金。

与此同时，还应当注意，中小企业生产经营过程中存在着一定程度的不稳定性，自身管理也缺乏统一的制度和标准。多数中小企业的生存寿命较短，这些企业大多时间都处于求生存的挣扎期，自身有较多的不确定性和不稳定性，也就很难建立起高度的商业信用。很多金融机构也是基于此，不会优先考虑中小企业的融资申请，因此，就形成了恶性循环。

另外，中小企业自身商业信用观念也较淡薄。由于中小企业成立时间普遍较短，因此，其商业信用和信誉度相对欠缺。银行等金融机构必须投入大量人力和时间来对中小企业的生产经营情况进行全面的审核和评估，银行等金融机构在这方面所花费的成本也就相对更多，从投入产出比的角度来衡量，金融机构就会降低这项收益相对较低的贷款事项。银行等金融机构与中小企业面临着两难的困境，中小企业成了最终的利益受损方。中小企业得不到相应的发展资金，导致自身发展速度进一步放缓，更无法应对激烈的市场竞争，无论是自身的组织架构和现金流动性，还是人才储备、生产能力、技术水平以及企业品牌形象，都会因此受到极大的影响。

当下，国内中小企业的筹资方式仍是以企业内部筹资、民间借贷和银行信贷为主，其中，商业银行贷款占有较大的比重。考虑到中小企业的生产经营不稳定，企业运营存在着较大的不确定因素，因此，银行等金融机构不愿为其提供长期贷款，而所提供的短期贷款，银行等金融机构也会经常性地对中小企业的生产经营状况进行考核。一旦企业达不到金融机构所要求的标准，短期贷款将面临取消。这对于中小企业来说，既增加了经营风险，又增加了资金不稳定的风险。

二、中小企业筹资难的原因分析

中小企业筹资难的原因可以从中小企业内部原因和外部原因两方面进行分析，如图 4-3 所示。

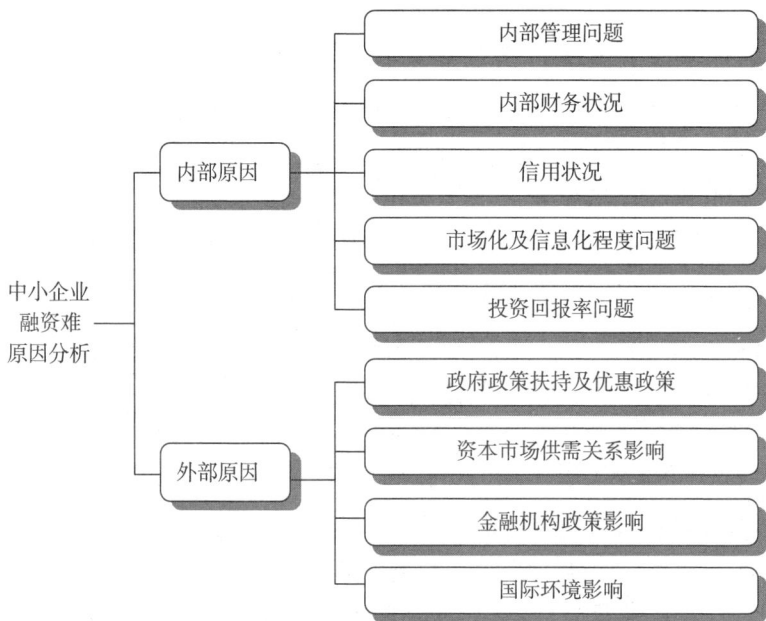

图 4-3　中小企业筹资难的原因分析示意图

中小企业筹资难内部原因中的投资回报率高低，会受外部原因影响。例如，若政府出台的扶持政策或优惠政策较少，企业无法从中受益，对应的投资回报率就会降低；如果资本市场的需求大于供应，资金缺乏，相应的筹资成本就会升高，企业想要拿到筹资资金，只能花费更高的筹资成本。下文将详细分析中小企业筹资难的内外部原因。

（一）内部原因

中小企业自身的资产少、规模小、管理不规范、人力资源短缺等特点，也就决定了其在生产经营过程中存在较大的不稳定性，外部机构或个人对其的投资风险就相对较大，这是中小企业筹资困难的主要原因。下文将从五个方面对中小企业内部筹资困难的原因进行详细阐述。

1. 中小企业内部管理问题

中小企业的规模小，决定了其员工人数较少，企业所能承担的人力成本也相对较低。同时，这类企业所能招到的员工素质也普遍较低，企业本身管理缺乏专业性，因而对这些员工的管理便不规范。中小企业所能提供的福利待遇相对较低，导致其内部人员流动性较大，人员结构的不稳定也增加了企业整体生产经营活动的不确定性。高技能人才的匮乏，使得企业很难提高产品或服务质量，企业利润率只能保持在较低的水平，难以实现长远发展。企业对员工很难实行有效的管理，加之企业内部鲜有专门的管理层级，导致企业难以进行制度化、系统化以及全面化的管理。

2. 中小企业内部财务状况

中小企业内部财务状况通常是指企业自身的固定资产和非固定资产的投入能力、资金运作能力、偿还债务能力以及盈利能力等。由于中小企业自身规模较小，组织架构不完善，因此，财务部门所制作的财务报表通常也不规范，有的甚至存在粉饰财务数据以及财务数据不真实的情况。中小企业在这种情况下向金融机构申请融资时，由于其所提供的财务数据不完全或不真实，因此，很难赢得投资者信任，中小企业也就遇到了筹资方面的困难。

3. 中小企业的信用状况

从上文可以看出，由于中小企业自身规模较小，大多时间都处于发展阶段，其信用体系的不完善导致企业信用状况不可预测。其财务报表的不规范，使得金融机构的信用评估较难开展，进而导致外部投资者认为中小企业信用度较差，影响投资者最终的决策，中小企业筹资也就难以实现。

4. 中小企业市场化及信息化程度问题

由于中小企业发展的先天不足，导致其很难形成规模化生产，没有相应的资金与实力，也很难进一步实现信息化升级。在互联网和数字化的大环境下，中小企业缺乏新技术的支撑，相较于其他企业而言，其发展更显滞后。因此，中小企业既没有市场化的规模效应，也没有信息化的管理与运作机制，其生产、发展以及管理上都会受到很大影响。

5. 中小企业投资回报率问题

投资回报率指的是投资的预期收益与投资额的比值，这可以直接反映企业的投资价值。另外，与投资回报率存在高度关联的还有投资回报时间。从前文所介绍的几点原因可以看出，中小企业自身生产发展的因素有待进一步完善，因而其经营业绩通常不稳定，外部投资者无法较为准确地预测其未来的盈利情况以及企业的绩效水平。这就导致中小企业的投资回报率不稳定，投资回报时间也难以估计。中小企业经营状况的不稳定和难以预计，让投资者的投资回报率得不到保障，反过来，也就导致中小企业筹资成了问题。

（二）外部原因

中小企业筹资难既有内部原因，也有外部原因。中小企业筹资难的外部原因，包括政府政策、资本市场供需关系、金融机构相关政策以及国际大环境等。

1. 政府政策扶持及优惠政策

近年来，政府逐渐加大对中小企业的纾困帮扶力度，同时，出台了诸多相关的政策措施，但相关的政策真正落地、产生应有的效果，需要一定的时间。与此同时，政府已经为中小企业设立的中小企业国际市场开拓基金以及中小企业科技创新基金等，仍不能充分地满足中小企业多元化融资的需求。

2. 资本市场供需关系影响

资本以及货币市场是中小企业可选择的融资交易平台，中小企业可以通过这些渠道获得资金支持。但银行等金融机构以及其他投资者看重的是投资收益，其往往倾向于投资有较高收益且经营状况良好的企业，中小企业在资本市场上的认可度不高，这也就直接影响中小企业融资的实现。

3. 金融机构政策影响

政府宏观金融政策不仅对中小企业融资产生较大影响，还会对相关金融机构的贷款政策产生不小的影响。对于银行等金融机构来说，当宏观金融政策放松对银根的限制时，银行等金融机构就会有更多的资金用来发放贷款，中小企业可以较容易地拿到所需资金，进而用于自身的生产发展；而当宏观金融政策对银根进行紧缩限制时，银行等金融机构可用于发放贷款的资金数量就会减少，此时，中小企业想要拿到银行贷款就会变得困难，这也容易引起中小企业资金链断裂的风险。因此，不管是大企业，还是中小型企业，都很重视政府的宏观金融政策信息，这直接影响着金融机构相应贷款政策的制定。

4. 国际环境影响

一些涉及出口货物的企业会对国际大环境较为敏感，如前些年的国际金融危机，使得很多企业受到极大的冲击，国际市场的消费需求大幅降低、通货膨胀的出现、加之国内劳动力成本上涨等一系列因素影响，中小企业的生存遇到很大的困难。其他不做出口贸易的企业也会受国际经济环境的影响，如全球大宗商品价格的波动、全球股市的走势情况、全球原材料市场的供应情况以及全球原油期货价格的走势等，都会影响国内市场的营商环境，从而进一步影响中小企业的筹资。

第五节　企业融资方式的选择

筹资管理对企业的生存与发展起着至关重要的作用，而如何进行融资选择是企业筹资管理中一项极为重要的工作，这关乎企业是否能够顺利发展。下文将从两个角度来详细阐述企业融资方式的选择。

一、按企业所属行业类型选择融资方式

按行业类型划分，中小企业可分为传统中小企业和高新科技中小企业两大类，下文将逐一介绍。

（一）传统中小企业

1. 传统中小企业融资特点

传统中小企业主要指在传统型非科技行业从事生产以及提供服务的中小型企业，其中包括制造业、建筑业、农业等。传统中小企业有着收益稳定、经营风险较低、较少享受政策优惠等特点。基于这些特点，传统中小企业没有较高的利润，其在资本市场上也较难拿到融资，因此，这类企业只能选择传统的融资方式。

2.传统中小企业融资方式

因为传统中小企业有着上述特点，相应地其也有自身特有的优势。这些传统中小企业的有形资产在总资产中的占比较大，其有着成熟的市场、客户群体以及稳定的产品需求，经营风险相对较低。这些企业的收益率虽然并不高，但却相对稳定，因此，传统中小企业更多地通过银行信贷或商业信用等融资方式进行融资，有些企业也会选择向亲友等个人借款的方式进行融资。

（二）高新科技中小企业

1.高新科技中小企业融资特点

高新科技中小企业所涉及的行业有通信技术、计算机技术、光电子、新能源及生物科技等，这类中小企业在这些行业领域从事生产或者为这些行业提供相配套的服务。因此，这类中小企业具有以下特点：具有长期的资金需求、资金需求量大、企业收益高且外部收益大以及有较高的经营风险。高新科技中小企业的特点，也就决定了其特殊的融资特征。

由于其自身有着较高的经营风险，因此，这些企业很难像传统中小企业一样通过传统的融资方式来获得生产资金。银行等金融机构通常注重贷款的安全性和稳定性，一般不会接受高风险的融资申请，有的银行还要求以相应的资产抵押作为担保，并要求企业有一定的资金流动性，同时具有一定的偿还债务的能力。因此，一般的贷款形式也就不作为这些企业融资的首选。而股票等权益性的融资方式，通常要求企业提供近几年的盈利记录，大多数高新科技中小企业很难满足这样的条件。因此，传统的融资渠道和方式不适合高新科技中小企业。

2.高新科技中小企业融资方式

虽然传统的融资渠道和方式并不适合高新科技中小企业，但这些企业有着传统中小企业所不具备的独特优势——概念优势，高新科技以及新技术是社会发展的动力。针对这些高新技术领域，国家不仅提供了政策和法律上的支持，还提供了资金支持。同时，一些拥有冒险精神的风险投资家也大多青睐这些高新技术企业，这些企业的开拓创新精神很有可能会给这些投资者带来丰厚的回报。另外，这些高新技术企业巨大赢利的可能性也会吸引一部分传统投资领域的资金。因此，风险投资等创新型的融资方式是这类企业的主要融资方式。

二、按企业发展阶段选择融资方式

中小企业的经营发展周期通常可分为四个阶段，其处于不同的发展阶段，所需要的融资方式也有所不同，如图4-4所示。

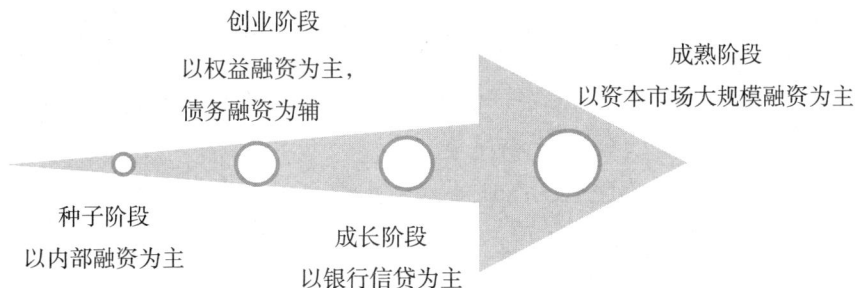

图4-4 企业不同发展阶段所需融资方式示意图

随着企业的发展壮大，企业的融资规模也在不断扩大，所选择的融资方式也就有所不同，但所遵循的原则都是以最小的融资成本来获得所需的企业发展资金。

（一）种子阶段以内部融资为主

在种子阶段，中小企业主要从事研发或市场调研工作，组织架构不稳定，没有成熟的产品或服务，企业处在不断尝试和探索的过程中。企业在这一时期没有稳定的收益，而资金的投入量较大。在各个发展阶段中，种子阶段的经营风险最高，大多数企业在种子阶段的失败概率也最高。对于企业来说，这一阶段是企业发展的关键时期。

处于这一阶段的企业，产品没有打开市场，技术还不成熟，产品或服务没有形成规模，经营管理的经验不足，企业未来的发展方向充满不确定性，因此，存在着较高的风险。相应的投资机构或投资个体也较少，企业拿到风险投资的概率也就很低。由于企业没有成熟的产品或服务，生产规模有限，因而也就没有可供抵押的资产，通过传统的银行等金融机构借贷来实现融资的可能性很小。在种子阶段，企业获得资金的方式主要通过企业内部融资，或者通过民间借贷的方式，这部分资金通常附带较高的利息。此外，符合条件的企业也可以申请政府的相关高新技术项目的资金支持。

（二）创业阶段以权益融资为主、债务融资为辅

进入创业阶段的高新技术企业已经有了较为成熟的产品或服务，同时有了较为成熟的生产方案和生产工艺，这时，企业需要将成熟的产品或服务进行量产，并推向市场，而提高生产能力以及市场化营销就需要大量资金的投入，如新建厂房和生产线、购买机械设备、持续研发、广告投入等。这一阶段所需的资金量通常是种子阶段的十倍甚至数十倍。这一阶段的中小企业通常有了一定

的生产经营基础，也有了一定的资本积累，相对于种子阶段来说，有了较好的融资条件。因此，中小企业会选择以权益融资为主、债务融资为辅的融资方式，如中小企业投资公司的融资、担保公司担保下的贷款、创业风险投资等。

（三）成长阶段以银行信贷为主

经历了前面两个阶段后，高新技术中小企业不管在生产上，还是在销售上，都有了较为成熟的流程，生产初具规模，并且得到市场一定程度的认可。此外，企业也有了一定的批量生产能力，企业生产和管理环节逐渐完善，企业的经营风险逐渐降低。但此时的企业仍需要投入一定的资金进行技术创新和产品升级，扩大生产能力，以进一步抢占市场，提升企业品牌形象，力争占据行业主导地位。

经过一段时间的生产经营，企业已经有了相对稳定的顾客群体以及相对稳定的供应商，因此，商业信用也随之提高。前期影响企业发展的各种不利因素也随之减少，企业的财务压力逐渐缓解，处于成长期的中小企业此时可以通过银行信贷或是利用企业信用来进行融资，也可以考虑引入中长期的投资资金。此外，与企业先前有合作的风险投资机构也可能选择在这一阶段继续增加对企业的投资。由于中小企业进入这一阶段后，具有很大的发展潜力，为了避免企业自身股权被稀释，通常不会选择股权融资的方式。

（四）成熟阶段以资本市场大规模融资为主

高新技术中小企业进入成熟期后，其生产经营已趋于稳定，组织管理架构也相对完善，企业运作的经验更加丰富，产品销量以及利润持续增长，但产售增速会逐渐放缓，利润率也逐渐降低。这时，企业的获利点应当放在大规模生产中的成本管理；优化管理架构，让组织的运转更为高效；革新管理制度，让生产与管理实现制度化和流程化；产品质量进一步升级；开拓新的品牌，以应对市场对于创新型产品的需求，因此，企业仍然需要大量的资金注入。

处于成熟期的中小企业可以考虑在资本市场上通过股票或债券的形式进行大量融资，适当的债务融资可以在一定程度上降低企业的综合融资成本，符合条件的，有一定规模的企业也可以考虑通过上市来实现融资。

由以上所介绍的企业的四个发展时期可以看出，企业处于不同的发展阶段，会有不同的融资需求，而不同的融资渠道或融资方式对企业起着不同的作用。高新技术中小企业应当根据自身企业发展的不同时期，选择最适宜的融资方式，即使同属高新技术企业，不同企业间也存在着诸多不同之处，因此，中小企业不能一味地效仿其他企业，而是要根据自己企业的发展规划权衡融资方式的利弊，审慎地进行选择。

第五章　投资管理

从广义上讲，投资管理是指企业对资金运用的管理。它包含三个方面的内容，即流动资产投资管理、对外投资管理以及固定资产投资管理[①]。

流动资产投资管理是指企业在日常生产经营过程中对各项流动资产的使用和安排，以使企业的生产经营活动正常有序地开展。对外投资管理包含两方面的内容，即对外评判投资和对外直接投资，两者都是为了获得更多的投资收益。固定资产投资是企业为了扩大生产能力，持续再生产的投资。固定资产投资通常以项目的形式进行，因此，固定资产投资管理也称项目投资管理。本章投资管理的内容分为四节，分别从投资管理概述、投资管理的要素、投资管理的发展以及投资管理的路径四个方面详细阐释。

第一节　投资管理概述

本节从投资分类以及投资管理的原则对投资管理进行简单的阐述。

一、投资分类

根据不同的标准，投资有不同的分类，企业投资主要有以下几种分类方式，如图 5-1 所示。

由图 5-1 可知，根据分类标准的不同，投资可以分为不同的类型，如一种投资既可以是长期投资，也可以是直接投资，还可以是对外投资。进行投资分类，可以更直观地划分投资类型，以明确其特点和方式，有效利用其优势，规避其不足，从而更好地规划资金的使用。

---

① 胡娜 . 现代企业财务管理与金融创新研究 [M]. 长春：吉林人民出版社，2020：69.

图 5-1　投资分类图

（一）长期投资和短期投资

按投资回收时间的长短划分，企业投资可分为长期投资和短期投资。

长期投资指的是企业在投资之后一年以上才可以收回投资资金的投资。其既包括对工厂厂房、机器设备、基础设施等固定资产的投资，也包括对产品设计、知识产权、产品或服务专利以及产品品牌等无形资产的投资，还包含对政府证券、公司证券、银行本票以及基金证券等有价证券的投资。长期投资所占用的资金体量较大，投资回报的周期较长，投资回报率通常较高，但与此相对应的是，投资风险也较高，属于风险型投资。这类投资适合有一定资金实力，并且可以承担较大的不确定性因素风险的企业。

短期投资也称流动资产投资，其区别于长期投资，指的是企业的投资资金可以在一年以内收回的投资。其主要的投资对象为存货或短期有价证券等。如果企业所投资的长期有价证券可以随时进行交易变现，则也属于短期投资的范畴。短期投资所占用的资金体量较小，在短时间内就可收回本金及收益，但通常其投资回报率较低，对于企业来说，投资风险也较低，属于稳健型投资。这类投资适合规模较小、承担风险能力较弱的企业。

（二）直接投资和间接投资

按投资活动与企业生产经营的关系划分，企业投资可分为直接投资和间接投资。

直接投资指的是投资者将资金直接投入被投资企业或项目的生产经营中，作用在实体性的资产上，并可以通过投资直接获得经营收益的投资方式。企业的直接投资按投资的方向划分，可以分为向企业内部投资和向企业外部投资两种方式，企业对内既可以投资采购生产发展所需的设备、生产线、机械等固定资产，也可以投资工作软件、产品设计、商品专利等无形资产。投资企业内部的这两类资产可提高企业生产经营能力，为其长远发展提供强大支撑。

间接投资指的是企业将资金投放到债券或股票等权益性资产上的企业投资。债券或股票的发行方在拿到筹集的资金后，会用于发行方企业自身的生产经营活动，扩大实体性资产的规模，以获得企业经营利润。间接投资的形式不直接接触具体企业的生产经营过程，而是通过债券或股票的形式，获得相应的利息或股息，分享发行方企业的经营利润。从某种程度上看，除了直接投资于实体性资产的投资方式外，其余的投资形式都可称之为间接投资，如一般基金和主权债务基金等。也可理解为，直接投资是将资金投放到实体性资产上的投资，而间接投资是将资金通过其他中介的方式，最后投放到实体性资产上的投资。

（三）对内投资和对外投资

按资金投放的方向划分，企业投资可分为对内投资和对外投资。

对内投资指的是在本企业内部进行资金的投放，其资金用于购买企业各种生产经营所需的生产资料或生产设备等经营性资产。

对外投资指的是向企业以外的其他企业或单位投放资金的投资。对外投资的形式既可以是有形资产或现金，也可以是无形资产等，其投资方式既可以是购买证券资产、购买股权、合作经营，也可以是联合投资。

对内投资属于直接投资，而对外投资主要是间接投资，但也有可能是直接投资。

（四）项目投资和证券投资

按投资对象的存在形态和性质划分，可以将企业投资分为项目投资和证券投资。

企业可以通过投资的方式，购买具有实体性质的资产，其中包括有形资产和无形资产，以形成企业实质性的生产经营能力，获取相应的经营利润。这类投资称为项目投资，也可称为固定资产投资。项目投资的资金主要用于扩大再生产，改善企业的生产管理条件以及提高设备等级，以扩大企业的盈利空间。项目投资因将资金直接投放在实体性的资产上，因而也称为直接投资。

企业还可以通过投资来购买具有权益性质的证券资产，投资方企业通过证券资产赋予的权利，可以间接地参与被投资企业的生产经营活动，以获得相应的投资收益，这种形式的投资被称为证券投资。有时，直接投资一家企业的实体性资产可能需要动用较大数量的资金，这对于资金实力有限的中小企业来说，往往存在一定的困难，而证券投资可以将大体量的实体性资产进行拆分，分解成较小的投资单元，以便企业可以灵活地进行选择。

证券既是一种金融资产，也是一种权利性资产，相当于经济合同的契约，其存在形式为凭证票据等书面文件。证券的两种最主要的形式是债券和股票。其中，债券投资是在未来约定的某个时间点获得利息收益。股票的投资者不直接参与发行股票的企业的日常生产经营管理，但拥有关联企业的收益分配权，投资者可以通过证券的形式来控制股票发行企业的经营管理政策，因此，可以将这种投资行为称为间接投资。

项目投资和证券投资以及直接投资和间接投资，这两种投资分类方式只是从不同角度对投资进行了分类。项目投资和证券投资是针对投资对象来进行的分类，而直接投资和间接投资则是针对投资的方式进行的分类。两者虽有不同，但相互之间有着密切的联系。

（五）发展性投资和维持性投资

按投资活动对企业未来生产经营的影响划分，可将企业投资分为发展性投资和维持性投资。

发展性投资指的是对企业未来发展具有重大影响的企业投资。发展性投资也可称为战略性投资，如企业之间的兼并或合并的投资等。发展性投资项目一旦落地实施之后，通常会改变企业涉足的领域，如国内一些手机制造企业融资后，开始涉足电动汽车领域；或者实现企业的战略调整和战略重组，以扩大企业的生产经营能力。

维持性投资指的是在不改变企业原有的生产发展大方向的前提下，维持企业现有生产经营活动顺利进行的企业投资。维持性投资又称为战术性投资，如机械设备更新换代的投资、革新生产技术的投资、配套流动资金的投资等。维持性投资并不需要过多的资金投入，且对企业未来发展方向不会产生重大影响，投资风险也较小。

（六）独立投资和互斥投资

按投资项目之间的相互关联关系划分，企业投资可分为独立投资和互斥投资。

独立投资属于相容性投资，各个投资项目之间没有关联性，且彼此之间不会相互影响，可以同步进行。对于一个独立的投资项目来说，其他投资项目能否获批进行建造以及生产，对于这个项目没有任何影响；同样，这个项目也不会影响其他项目决策的制定。因此，独立投资项目只需要考虑本项目是否符合决策的标准要求以及方案是否可行。例如，对于投资方案的标准要求可以设定为投资回报率要达到18%以上，并要达到相应的碳减排目标。其中的投资回报率18%以上和碳减排目标就是一种预期的决策标准。

互斥投资属于非相容性投资，各个项目之间具有相互关联性，彼此之间可以相互取代，并且彼此之间不能同时存在。例如，对企业现有的机械设备进行更新换代，购置了新的机械设备，就需要处理掉旧的设备，这两者之间不相容。对于一个互斥项目来说，其他项目能否被采纳会直接影响这个项目的投资决策，若其他项目不被采纳，则这个项目就会顺利保留下来；反之，若其他项目被采纳，则这个项目就不能得以保留。因此，在进行互斥项目决策时，所要考虑的是各个方案之间的排斥性，可能每个方案都可执行，也可能每个方案都符合标准要求，这时所要做的就是从这些方案中选出一个最佳方案。

（七）确定性投资和风险性投资

按投资的风险程度划分，企业投资可分为确定性投资和风险性投资。

确定性投资，与风险性投资相对而言，其投资收益的预期由其项目的主要因素来决定，是大概率能判断投资项目收益的投资。例如，一个投资项目，通过前期的评估，得出其有80%的概率会带来盈利，有10%的概率会带来亏损，另有10%的概率是既不产生盈利，也不产生亏损。这样，就可以从整体上判断此项目具有盈利的确定性，企业可以选择此项目进行投资；相反，若一个项目有80%的概率会产生亏损，则判断此项目具有亏损的确定性，企业不可选择此项目进行投资。

风险性投资，与确定性投资相对，指的是无法对所投资项目进行较为准确的评估，不能大概率地判断其未来盈利和亏损情况的投资。此类投资的预期中，既可能给投资方带来巨大收益，也可能给投资方带来巨额亏损。风险性投资最大的特点是，投资风险较高，若产生收益，通常投资回报率也会较高。

二、投资管理的原则

要想实现投资管理的目标，达到投资项目的要求，就需要遵循投资管理的相关原则，只有在此原则的导引下，企业的投资活动才能顺利开展。

（一）可行性分析原则

通常一个投资项目涉及大量的资金，且资金会被占用较长的时间，项目一旦落实，投资资金到位后，就不可能再撤回资金。因此，一个投资项目在进行决策前，应当严格按投资决策的程序要求，进行项目的可行性分析。项目可行性分析可以具体分为以下五个方面，如图 5-2 所示。

图 5-2 项目可行性分析示意图

投资项目的可行性大致可以分为企业内部与企业外部两个层面的可行性，其中，财务可行性和技术可行性属于企业内部可行性；而市场可行性和环境可行性属于企业外部可行性；资源可行性既涉及企业的内部，也涉及企业的外部。

可行性分析的主要工作内容就是对投资项目的实施进行科学的可行性论证。项目可行性分析可对项目完成之后所产生的效益、项目未来的运营及发展状况、对社会产生的影响等方面进行预测，通过定量分析和定性分析等方法分析项目的优势和劣势，为投资决策提供可靠的参考依据。

财务可行性，指的是投资项目需要在经济上给企业带来可观的收益，并且这种收益应具有显著性和长期性。财务可行性是在市场、技术、环境可行性均具备的前提下，重点围绕市场和技术可行性而进行的专业的经济角度的评价。此外，财务可行性也涉及项目资金筹集的可行性。财务可行性是其他要素可行性的重要保障，只有在以充足资金作为支撑的情况下，投资项目才能顺利地向前推进。

财务可行性分析是投资项目可行性分析中的重要工作内容，因为一个投资项目的投资回报率直接决定着这个项目成功与否，市场、技术和资源的可行性的着眼点也在项目的收益上。投资项目开始实施后，其表观数据都直接体现在财务数据指标上。

财务可行性分析主要涉及以下几方面工作内容：对所有者权益、资产以及负债等财务状况数据的分析；对项目资金的筹集、使用和分配的分析；对项目费用、收入和利润等生产经营数据的分析；对资金运作过程及资金流动的分析；对资金风险及项目收益的分析；对项目现金流量、投资回报率及净现值等经济性指标数据的分析。

市场可行性指的是投资项目最终研发的产品可以被市场认可，并且会有一定的使用群体，以保证市场占有率，同时要对受众人群有清晰的认识。只有这样，才能保证投资项目的成功。

技术可行性要求投资项目既要具备技术上的先进性，也要适应项目的需求，其中包括装备技术、生产工艺技术、产品研发技术、产品设计技术以及信息化管理技术等。与技术可行性相适应的生产经营能力是投资项目所要重点考虑的内容。

环境可行性，这里的环境包含生态环境、自然环境与社会环境，有时也会涉及人文环境和历史环境。环境可行性要求投资项目对环境产生有利影响，尽可能消除对环境的不利影响，以创造更大的社会价值，建设生态友好型项目，最大限度地保护人文环境及历史环境。

资源可行性要求投资项目充分考虑资源的利用率，以及资源的选择和使用，避免使用对环境造成污染的资源，时刻心怀环保意识。此外，资源还包括人力资源，投资项目要考虑在项目实施过程中，相关专业人才的配置是否充分，人力资源水平是否可以满足项目的要求。

（二）结构平衡原则

项目的投资是一个综合各方因素的系统性的工作，需要考虑多方要素，并将多方要素综合起来，进行整体的统筹安排。只有这样，投资项目才能具有完整性、系统性和协调性。一个项目的投资不仅包含固定资产等生产条件和能力的构建，还包含流动资产的配置，因为流动资产可以使生产条件和生产能力发挥出应有的作用。与此同时，由于受投资资金的限制，有时也会遇到资金供应不能满足投资资金需求的情况。在这种状况下，如何进行资金配置，让投资资金发挥出最大的效能，就是投资管理中投资资金管理所面临的重要问题。

管理投资项目，是一项综合性很强的工作，其中既涉及多方因素，也涉及诸多相关人员。项目资金在投放时，要权衡各方利益，根据结构平衡原则，合理分配和使用资金。例如，项目资金既要考虑投放到主要的机械设备上，也要兼顾辅助的机械设备；既要考虑长期资产的需要，也要满足流动资产的使用；要平衡生产能力与经营规模之间的关系；平衡资金筹集与资金使用和投放之间的关系；要平衡直接投资与间接投资之间的协调关系；平衡对外投资与对内投资之间的主次关系等。

投资项目在真正实施之后，所投入的资金通常会长时间地被投资项目所占用，其间选择转出或退回的可能性很小。因此，在投资项目时，应当严格遵循结构平衡的原则。只有这样，所投资的项目才能顺利地向前推进，也才能最大限度地避免资金的浪费和闲置。

（三）动态监控原则

投资项目在经历了前期的可行性分析，按照结构平衡的原则开始实施之后，应当对其进行实时的动态监控。尤其是对于一些工期长、工程量大、投入资金多的投资项目，就更需要按投资项目工程预算来进行一套完整、全面、系统的动态监控流程[①]。

投资项目的工程预算，是对项目总投资中每一个工程项目，以及其所包含的单位工程、分部工程和分项工程进行造价规划的财务计划。建设性的投资项目应当按照预期的工程进度，根据单位工程、分部工程和分项工程的实施进展情况，分步进行资金的划拨，并进行资金的结算，以避免在项目的实施过程中资金的无端耗费、无效使用和浪费。在项目完工后，要进行工程决算，对项目中建造资产的种类和数额进行全面清点和分类记录，对工程造价的合理性进行分析，从而确定工程资产的最终价值。

间接投资中，以证券投资为例，企业在进行投资前，需要收集与投资对象有关的数据信息，分析投资对象的投资价值，综合考虑其投资风险与投资收益，而后慎重选择投资对象。若是投资金融资产，则需要尽可能多地收集资

---

① 王培，郑楠，黄卓.财务管理 [M].西安：西安电子科技大学出版社，2019：109.

本市场以及投资对象的相关数据信息，全面系统地掌握投资对象的生产经营情况和财务状况。如果有长期数据，那么，就应当尽可能地研究其长期数据。此外，还要了解投资对象所在行业的动态信息，以便于投资者更全面地了解投资对象的趋势，维护自身投资权益。在投资过程中，由于存在着信息不对称的情况，投资者所掌握的信息远远不及投资对象所掌握的信息，因此，投资者只有尽可能多地掌握投资对象的信息以及与投资对象相关联的信息，才能在投资过程中占有一定的主动权。在进行有价证券类金融资产投资时，其投资价值受资本市场和被投资对象的经营情况的共同影响。

第二节　投资管理的要素

投资管理的要素包括金融分析、资产筛选、股票筛选、计划实现以及投资监控五个方面，下文将进一步对具体内容进行详细阐述。

一、金融分析

（一）收集投资项目信息，分析研究后编制投资价值报告

对于投资项目管理来说，信息的收集是最基础的工作，后续一系列针对投资项目的管理工作都基于信息的采集、分析和处理。经过分析研究的项目信息，要先进行汇总，然后编制成完整、系统、准确的投资价值报告。

（二）分析投资预期回报率

一个项目是否具有投资价值，取决于项目投资的预期回报率，而投资回报率要在立项之初通过相应的估算方法计算得出。这一环节的工作基于真实且准确的项目信息，只有在此基础上，才能得出有价值的结果。投资回报率较高，项目才有投资价值；相反，如果投资回报率过低，那么项目也就失去了投资的意义。但需要注意的是，投资回报率并不是越高越好，过高的投资回报率也会伴随较高的投资风险，这需要企业相关部门进行综合的权衡以及评判。

（三）分析投资风险

投资项目的投资风险与投资回报率有着紧密的联系，正如上文所提及的，项目的投资回报率过高，会伴随较高的投资风险。因此，在分析项目的投资风险时，要综合考虑投资回报率这一因素。同时，要考虑宏观层面的国家经济政

策和市场波动，以及其他不确定的影响因素，要尽可能地将所有重要因素和非重要因素都考虑在内，这样得出的结果才更有参考价值。

二、资产筛选

将经过数据和价值分析后的资产进行分门别类，对同类型资产进行横向对比，筛选出同一类型资产的最优选择，而后再进行不同类型间的资产比较和筛选，从中进一步选出最佳资产。在这一过程中，要综合考虑各方面因素，除了要考虑资产本身的影响因素外，还应当考虑人为因素的影响，如相关人员整体素质和管理层的重视程度等。另外，在资产筛选过程中，要将所涉及的资料和数据进行归档处理。

三、股票筛选

对于股票投资的筛选，有诸多方法，常用方法主要有三种。

（一）现实生活中的上市公司

这是一种较为实用的方法，首先选择平时在生活中经常见到的或是正在使用其产品或服务的上市公司。有了一定的使用体验，觉得使用体验不错，对其产品或服务也有比较深入的了解后，接下来，就可以选择进一步了解这家公司，看其以往的股价走势，选择在低价时段进行购买。在选股前，可以多观察身边的生活。比如，多观察商场和超市，那些超级明星公司大多都融入生活的方方面面。此外，另一个筛选股票的方法是选择跟"嘴巴"有关的股票，其中出现大牛股的概率很大。例如，医药股和消费股等。

（二）行业龙头股

一家公司或企业成为行业龙头并不是一蹴而就的事，大多需要经历漫长的积累，通过市场的竞争和淘汰，以及企业自身发展的韧性等因素，最终成就其行业龙头的地位。这部分企业通常通过自身坚持不懈的努力，以及长期的磨炼。行业龙头股一般更为稳健，短期不会有太大的收益回报，但若长期持有，则会给投资人以意想不到的收益。例如，食品饮料行业的贵州茅台，家用电器行业的格力、美的、青岛海尔等，医疗制药行业的云南白药、东阿阿胶等。

（三）在大媒体或平台上打广告的公司

通常一家有实力且有规模的公司才有能力在大的媒体平台上打广告，才可以支付高昂的广告费用，因此通过浏览大平台上的广告，有时也能选出不错的投资对象。

一般来说，一家好的公司或企业往往是大家所熟知的。但对股票的筛选，还是要看投资者的眼光、思维、综合分析能力以及判断力等。上文所提出的三种股票筛选的思路，只是提供一个筛选的角度，真正股票筛选的过程可能要涉及诸多方面的因素，需要进行全面、系统、综合分析，才可能得出有价值的结论。投资存在风险，需要谨慎对待。

四、计划实现

经过项目信息的分析与研究，通过科学合理的方法对所投资项目进行筛选后，就确定了投资的最佳选择或是投资的最佳组合。接着，就要着手实施投资项目。人力、物力、财力方面的准备，项目相关人员的配备，相应物资的配置以及项目所需资金的筹集等，是这一阶段工作的重心。这三方面准备妥当，即可以进行项目的落地实施。

五、投资监控

当投资项目进入实施阶段后，就要对项目进行实时或定期监控，以保证项目按计划的进度和标准进行，在保证项目时间的同时，更要保证项目的质量。与此同时，还要编制项目监控报告，将项目的实施情况、存在问题、解决建议等内容列入项目监控报告中。对于发现的问题应当及时进行调整，以满足项目规划的要求，减少误差的出现，最终按时且保质保量地完成项目。

第三节 投资管理的发展

在当今新经济背景下，企业投资管理有诸多发展方向，有指数投资的发展、因子投资的兴起、创新产品的涌现等，本节主要选取前两个进行详细阐述。

一、指数投资的发展

所谓指数型投资模式，就是根据指数中股票配置的结构来进行股票的合理搭配，并且按指数中各股票的占比来确定各只股票的购买数量的一种投资方式。它最大的优点在于可以分散投资风险，尽量不同时购买同一个行业的股票，或发展情况相似企业的股票。另外，以这样的方式进行配置可以降低投资成本。指数型投资的数据相较于其他投资来说，更加透明化，所投资的股票数据真实可信。其中，最常见的就是指数型基金，它可以随时跟踪目标指数的变化，可以随着市场的增长而增长。简而言之，指数投资具有以下优势：操作简单、费用相对较低、业绩透明度较高、分散投资降低风险以及人为因素影响较小。

被动型投资能够跑赢主动投资，其根本原因在于随着股票市场的不断成熟，其定价效率也在不断提升。量化宽松带来的股市繁荣让许多股票同向而动，很难凸显差异化，导致对冲基金的优点无法充分发挥。

近几十年，指数化投资在中国出现了跨越式发展。从 2002 年第一批指数基金诞生，到 2004 年首支 ETF（交易型开放式指数基金）在上海证券交易所挂牌，短短两年时间，指数型投资就迈出了发展的第一步。在此后的四年间，指数型投资理念逐渐被市场所接受，相应的指数产品也在不断地完善，不断地创新与调整，及时总结经验，中间也经历了股市的跌宕起伏，但发展的总趋势一直向前。从 2009 年开始，指数产品逐渐成熟，发展愈加迅猛，不但产品的种类不断丰富完善，而且投资方向从单一市场和单一行业的股票投资，逐步发展为跨市场和跨行业的投资，其中包含的股票指数和境外指数等指数产品，也从先前的宽基指数发展成更为细化的行业指数和规模指数等不同风格的指数，在投资上应用了完全复制和指数增强等策略。

在 2015 年牛市中，ETF 份额规模增速较慢，而场外指数基金份额规模迅速增长。分级指数基金由于其杠杆特性，受到市场追捧，各基金公司开始覆盖各类主题及行业。指数型产品已经成为中国公募基金产品中的重要类别。

中国国内的指数基金跟踪标的指数分为宽基指数、行业与主题指数、国际指数（含港股指数）及策略指数四类。2014 年之前，国内指数基金主要跟踪宽基指数，规模占比 80% 以上；2014 年之后，行业与主题指数基金的规模与数量开始迅速发展。在国内指数基金中，宽基指数基金占比 63%，其中上证 50、沪深 300 指数基金占比 35%，与美国大盘指数 ETF 比例相仿。

2017 年以来，中国指数投资经历了快速发展的三年，在公募股票基金中的占比持续上升，但从持股市值占比角度来看，较海外市场仍有非常大的发展空间。

2019 年 7 月，科创板 ETF 紧随科创板的上市而出现。市场对科创板的热捧，提高了人们对科创板 ETF 的关注度。科创板 ETF 可以分散投资风险，其融合了股票和基金的特点，既可以像股票一样被拆分成更小的交易单位，也可以像基金一样，不用详细地了解股票。同时，ETF 的交易成本也较其他投资方式低。这些特点满足了很多投资者的需求，因此成为更多投资者乐于选择的投资工具。近几年，被动型投资基金一直保持较高的增长率，其中，2019 年单年规模就翻了一倍。

虽然中国被动投资发展迅猛，规模在不断扩大，但相较于全球金融市场而言，还有很大的发展空间。当前，国内被动投资在发展中存在的问题主要有 A 股市场的定价效率偏低，不能及时反映市场的波动情况，投资者的投资积极性也就很难被调动。但从 2014 年末沪港通开放以来，外资对于 A 股的定价权持续扩大，A 股开启慢牛行情，从而形成正向循环，推动中国指数投资进一步发展。

二、因子投资的兴起

人们通常将投资组合的收益分成 α 和 β 两部分。在传统的定义中，α 收益指的是通过主动管理得到的超额收益，而 β 收益是通过暴露于市场风险获得的收益。随着套利定价理论（APT）的提出以及风险因子模型的发展和流行，投资界对 α 和 β 的定义也发生了变化。如今，人们愿意相信 β 是投资组合收益率中可以被一个或者多个风险因子解释的部分，而剩余的无法被这些 β 对应的风险因子解释的部分才是 α。

随着新的风险因子的不断发现，投资组合收益中越来越多的部分被划分为 β 部分；相应的 α 部分就越来越少。在风险因子流行以来的 30 年里，投资组合的收益率很大一部分已经被市场因子 β、风格因子 β（包括价值因子、质量因子、动量因子等）以及策略因子 β（即通过有效配置风格因子）来解释。

风险因子指的是一个股票组合中所有股票共同承担的某一方面的系统性风险。相应地，风险因子收益可理解为围绕该因子构建的投资组合中股票的共性收益。一个投资组合若最终盈利，则说明相关的风险因子发挥了作用，产生了收益的溢价；相反，如果一个投资组合亏损，那么就说明其中的风险因子产生了负面影响。因此，投资者要想有有效且稳定的收益，应当将投资组合放在较长的时期内来观察，进行价值投资和长期投资，而不应抱有短期炒作的心理，或一夜间获得巨大收益的投机心理。

中国和发达国家经济市场存在明显不同，有数据显示，发达市场中主流并且有效的风格因子在国内市场发挥的空间不大，实际贡献的 β 收益很小。换个角度看，这说明还有一些适用于国内的未知因子等待挖掘，比如"私募基金"因子。2016 年，赚钱效应极强的事件驱动型策略，比如定增，就完全可以理解为一个风险因子。基金通过这类策略赚钱，靠的正是其投资组合在这类风险因子上的暴露。不可否认的是，由于监管不完善和个别机构投资者道德败坏，国内的收益中还存在不少黑心 α，它们也压榨了因子 β 的生存空间。国内缺乏有效的对冲和做空机制，大多的因子投资组合也要被迫暴露于市场风险之中，承受因子之外的风险。另外，国内缺少实现因子投资的工具，如相应的 ETF。这些问题阻碍了因子投资在国内的发展。

通过量化手段来构建因子指数，可以实现因子带来的超额收益。然而，要想在现实中赚取因子 β，那么，就必须有完善的抵御对冲市场风险的机制以及低成本的因子指数投资工具。在这些方面，发达国家市场要比新兴市场更加成熟。但不可否认的是，随着越来越多的因子 β 被发现，α 的部分逐渐被蚕食。一旦 α 变得足够小而无法匹配为了挖掘 α 付出的高昂的管理费，低成本的因子投资就会显得更加吸引人，它终将打开投资界的一扇崭新的大门。

第四节 投资管理的路径

本章前文已经介绍了投资管理的定义、投资分类、投资管理的原则和要素以及投资管理的发展，本节将详细介绍投资管理的路径，或者称之为流程，从而对企业投资管理形成整体性的认识，如图 5-3 所示。

由图 5-3 可以看出，一个项目在企业的整个管理过程中主要有四个步骤，即投资方案的拟订、投资项目的决策、投资计划的执行以及投资项目评价与责任追究，下文进行详细阐述。

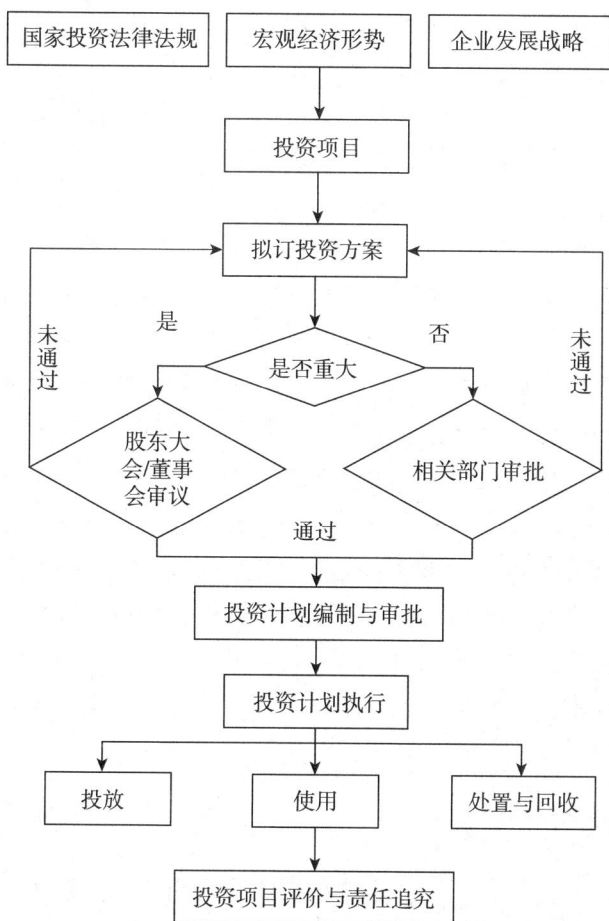

图 5-3 投资管理流程图

一、拟订投资方案

一个投资项目是否具有投资价值，需要企业根据国家相关的投资法律法规、国家宏观的经济形势、企业长远的发展战略来确定。

企业选择一个投资项目，首先要考虑国家的发展战略和国家经济发展的大方向，只有顺应宏观层面的发展趋势，才能借助时代发展的大趋势，从中谋取企业自身的长远发展。这就需要企业时刻关注国家的发展变化、政策形势的变动、相关经济政策法规的出台以及国家层面重大会议的召开等方面的信息。在企业内部，不但企业的领导和决策层要重点关注以上提到的几方面信息，而且企业负责投资的相关部门应当积极主动地收集相关的信息，为科学合理地筛选出有价值的投资项目提供前期的资料准备。

其次，企业要考虑自身的长远发展愿景和发展规划，通过什么方式和路径来取得发展、企业自身具有哪些发展优势、存在着哪些不足和有待改善的地方，以及在发展过程中企业需要借助哪些资源等。对这些因素和条件，企业要进行整理汇总和综合评判，以量化的指标来呈现企业的整体情况。企业的经营状况或营收状况可以用动态化的图表来体现，企业未来的发展目标也要尽可能地指标化和数据化，将之与企业现有的经营数据进行对比，计算中间差值，为企业后续发展规划提供数据支撑，以衡量投资方案的可行性。其他方面的因素也用此法进行统计和整理。另外，企业产品或服务的质量水平以及企业可以从哪些行业或领域的投资中获得经验和创新的动力，也是筛选投资项目的重要参考。

宏观经济形势以及市场和行业因素，都对拟订投资方案有直接或间接的影响。要着重选择有发展潜力或发展趋势稳定的行业，如生物制药、清洁能源、现代化农业等，而落后产能行业、能源消耗行业、化石燃料行业等相关行业则不应作为参考选项。

综合以上因素，企业可以制定出初步的项目投资方案，而后进入投资项目的决策阶段。

二、投资项目的决策

根据初步拟定的投资项目，企业根据项目占用资金的体量或是对企业产生影响的重大程度来决定是由股东大会或董事会来进行审议，还是由相关部门进行审批。若属于重大项目，则应由企业股东大会或企业董事会集体进行审议，因项目所需资金的体量较大，涉及各个部门从不同角度综合考虑项目的可行性。

（1）通过一系列数据指标，计算出每个投资方案所需的资金量，根据企业现有资金的盈余情况进行综合评估，最终的资金使用要尽可能减少企业资金的负担，并要在企业可承受的范围内。

（2）评估企业和项目的资金风险，并确定预期资金流量的概率分布以及期望值。企业负责投资项目的相关部门应当编制相应的资金风险报告，其中要涉及规避风险的措施，以防患于未然。

（3）确定资金成本的一般水平，即贴现率。贴现率意指贴现的比率，贴现指的是持有银行承兑汇票的人在汇票到期前，为了取得资金而贴付一定利息将票据权利转让给银行的行为，属于持票人的一种融资方式。如果贴现率下调，对市场的影响很小，而作用在货币上，市场就会放松对货币的限制，这时，商业银行就可以通过再贴现的方法融入资金来购买央行的票据进行套利。这就提高了银行间资金的流动性和活跃度，商业银行也就有了更多的资金来进行放贷，进而刺激市场对资金的使用。这时，企业可以抓住时机选择适宜的投资。

（4）计算各投资方案现金流入量和现金流出量的总现值。现金流量总现值是现金流入量与现金流出量之间的差额。

（5）根据投资项目的净现值和内部收益率等评价指标，进行投资方案可行性决策。通过一系列评价指标的计算，得出相应结果，而后分析各个投资方案的评价指标结果。

（6）企业决策层将各种投资方案进行对比，选出最佳投资方案。通过对各投资方案的资金使用风险、贴现率、评价指标等影响因素的综合对比与分析，筛选出最佳投资方案。

三、投资计划的执行

在确定最终投资方案后，企业的投资管理部门要编制项目资金预算书，将项目所需的长期与短期资金进行统一规划。有些项目属于一次性投资，而有些项目可能涉及分阶段投资，企业在筹集资金时既要考虑资金的总量，也要考虑资金投放的阶段性因素。在投资项目实施的过程中，要保证项目资金的充足，以确保项目按进度执行，并保质保量完工，从而为企业创造收益。此外，在投资项目实施过程中以及完工后，还要时时对项目资金以及项目进度进行控制、监督、管理，发现问题，及时解决问题。

四、投资项目评价与责任追究

在项目完工后，企业应对投资项目进行整体评价。对于与项目预期的偏差，应当及时采取相应的整改措施，而后再对项目进行重新评定，直到达到项目预期标准。同时，针对出现问题的环节，应当追究相关负责人的责任，在做出相应处罚的同时，以及时解决问题为侧重点，并完善相应的管理制度，以避免类似的情况再次发生。

第六章　税务管理

本章涉及税务管理的相关内容，主要介绍了税务管理概述、筹资税务管理、投资税务管理、营运税务管理以及税务风险管理五个方面的内容。

第一节　税务管理概述

本节将从企业税务管理定义、税务管理内容、税务管理重要性、税务管理控制目标、税务管理主要风险以及税务管理控制的关键点六个方面详细阐述企业税务管理的相关内容。

一、企业税务管理的定义

企业的税务管理指的是企业对于自身的纳税事项和涉税事项进行的规划、研究、分析、处理、监控、协调以及报告的管理行为的整个过程①。

二、企业税务管理的内容

企业的税务管理工作主要包含两个方面的内容，即企业纳税事务管理和企业涉税事务管理。从企业生产经营活动与税务的关系角度看，可分为以下五个方面。

（一）税务信息管理

企业财务管理部门在税务的信息管理中主要负责的工作为收集和整理企业对内以及对外的一系列与生产经营相关的税务信息，并通过科学专业的方法对其进行归纳、分析和研究，以得出有价值的税务报告，将以上这些工作中的资料、数据、报告进行归档，并加以妥善保管。

---

① 任成枢.财务思维[M].天津：天津人民出版社，2020：148.

（二）税务计划管理

企业的税务管理部门要对企业的税务事项进行短期与长期规划，利用税务信息管理的资料和数据，对与税务相关的事项进行测算、优化，制定出月度、季度、年度，甚至更长时间的税务规划，并配以相应的税务计划管理的科学流程。

（三）涉税业务的税务管理

从企业整个生产发展过程来看，企业的各项经营活动都会涉及税务管理，如企业的生产、研发、制造、资金筹集、剩余资金的投资、产品的营销、采购或商业合同的签订等，都与税务管理有着密切的联系。

（四）纳税实务管理

纳税实务管理指对与企业纳税工作相关的各项税务流程进行的管理与控制。例如，税务的登记、税务的申报、税款缴纳的方式和时间、发票的登记与保管、税收减免的申报流程和条件、税务会计管理的方式和手段、申报纳税延期的条件及注意事项等工作。

（五）税务行政管理

企业税务行政管理属于行政管理范畴。在该范畴中，行政管理的主要内容包括以下几个方面：企业税务证照的存放与保管、协助税务检查工作、申请税务行政复议、跟踪税务行政复议过程、提起税务行政诉讼等。这些内容能够确保企业在有关法律规定范围内更好地履行责任与义务，确保企业经营活动的有序开展。

三、企业进行税务管理的重要性

第一，加强企业税务管理有助于降低企业税收成本，更好地实现企业财务目标。对于一家企业来说，税收是相当重要的一项支出，其占企业总支出的比例也较高。企业税务的缴纳方式有多种，企业可以根据自己的情况进行选择。纳税方式不同，纳税金额也会不同，其中存在一定的弹性空间。这需要企业进行科学合理的税务管理，以减轻企业的纳税负担，降低企业总体的经营成本，为企业的生存发展腾出更大空间。

第二，加强企业税务管理有助于提高企业的财务管理水平。企业的税务管理是财务管理中一项极其重要的工作。企业重视并加强税务管理，需要相关从业人员具备专业的税务管理能力，与此同时，企业应对财务人员进行专业化培训，以增强其学习意识。税务管理人员的专业素质得到了提升，相应的业务能力也会得到明显的提高，财务管理的专业性也会相应得到提升，从而使企业财务管理的整体水平得到显著改善。

第三，加强企业税务管理有助于合理配置企业的资源，提高企业的市场竞争力。企业通过加强税务管理，可以及时准确地掌握国家各项税收政策，根据国家发展的大方向，制定企业的长远发展策略，顺应企业发展而调整产品结构、服务水平、销售模式以及管理方式，合理配置资源，以整体提升企业的市场竞争力。

第四，加强企业税务管理有助于降低企业涉税风险。所有与企业税务相关联的生产经营活动几乎都存在税务风险，但根据程度来看，企业可以着重关注以下几个方面：企业需缴税款过重带来的风险；未按税法规定而漏缴或迟缴税款等的风险；遗漏政策或误读政策造成损失的风险；由于税务违法而带来的企业信誉损失的风险等。这些涉税的风险不但会给企业带来不必要的税务负担，而且会给企业的声誉造成负面影响。这也将直接影响企业的生存发展以及销售收益，对企业的未来发展产生消极的影响。因此，企业应当高度重视自身的税务管理，通过科学有效的管理，有效规避可能发生的风险。

四、税务管理的控制目标

实现企业税务管理的控制目标，主要包括以下几方面工作。

（1）企业在进行纳税申报时，要提前准备好申报所需的资料。资料完整真实，不可遗漏，在核对无误后，要及时且足额缴纳税金。

（2）企业税务管理部门要记录并计算应缴的税费准备金，识别相关联的税务影响，分析影响因素，并将其进行总结。

（3）税务管理控制中的一项重要工作就是准确地编制纳税申报表，在此之前，需要做大量的前期工作，以保证申报表的合理性和准确性。纳税申报表的编制需要兼顾国家和企业的利益。

（4）企业所有税务管理控制工作的前提是，符合国家各项税法和法规的规定，在其规定的范围内进行企业税务管理工作。

五、税务管理的主要风险

前文已经介绍了企业税务管理的相关内容、税务管理的重要性，以及税务管理控制所要达到的目标，下文将介绍税务管理控制的主要风险节点有哪些。

（1）由于企业税务管理人员对税法的理解不够透彻，对相关优惠政策解读不到位，导致制定出错误的税收筹划方案，或是不能科学合理地避税，造成企业的税收负担过重。

（2）由于税务管理人员获取税务信息不及时，在新的税法或税收优惠政策出台后，没有及时对企业的税务规划进行正确的调整，以至于增加企业的税收成本，给企业带来损失。

（3）由于最基础的企业应纳税额计算出现错误，导致企业税金出现多缴或少缴的情况。若税金多缴，则凭空增加了企业的支出，也就相应地降低了产品或服务的利润率；若税金少缴，则可能影响企业的市场声誉以及企业信用，产生的影响可能更长远。

（4）由于企业税务管理人员自身工作问题，导致申报或缴纳税金不满足税收期限的规定，致使企业没有按照税法规定缴税。

（5）由于企业自身原因，导致企业税款的漏缴，即使补缴也无法挽回对企业造成的负面影响，并遭到相关部门的处罚。

（6）企业在代扣代缴相关税款时，没有严格按照相关规定的要求执行。由于企业对于相关税务法规的理解不深入，遗漏掉一些重要的内容，致使企业遭到相关机构的处罚。

（7）由于汇算清缴金额的计算延误了规定的时间，或是已经统计好汇算清缴的金额，但没有在规定的时间进行上缴，因此，受到相关部门的处罚。

六、税务管理控制的关键点

企业的税务管理部门在进行税务管理控制时，应当先找到关键节点，然后再有针对性地采取相应的有效措施。

（一）税金的计算与申报

企业的财务部门应负责相关税金的计算工作，其中包括企业所得税、企业增值税等税项，并将税务报表提交财务部门负责人以及主管税务的企业领导层，进行税务报表的审核。财务人员应当根据相关资料和数据编制应缴税费凭证，并交由独立核算人员复核记账凭证。

（二）税金的缴纳

企业应当根据应缴税费的金额，进行足额且及时的缴纳，不得漏缴、迟缴、少缴。财务人员在缴纳税金前，应当制定好相应的纳税规划，准确把握纳税时间点，明确缴纳金额。

（三）制定税务政策和程序

企业的财务部门应当制定相应的税务政策，根据税务政策再制定出相应的税务程序，在符合税法的前提下，进行企业成本核算，选择适合本企业的计算方法。负责纳税计算的会计人员应当谙熟与税法相关的知识，以规避税务风险。

（四）递延所得税的计算

企业应当定期对递延所得税进行计算，并及时进行调整和更改；同时，要经过财务负责人和企业管理层的审核，待审核通过后，及时落地执行。

第二节　筹资税务管理

企业筹资的方式有很多种，而企业在进行筹资决策时，必须计算资金的使用成本，税收是影响企业资金使用成本的重要因素，因此，企业在筹资的过程中必须考虑税务问题，以减少企业无价值的投入，降低成本，科学合理地进行筹资决策。

一、债务筹资的税务管理

（一）债务筹资税务管理的形式

当前，国内有多种债务筹资的方式，企业的生产经营情况不同，会选择不同的筹资方式，因此，所涉及的债务筹资税务管理形式也就不同。

1. 银行贷款的税务管理

企业从银行通过贷款的方式获得资金，其资金的使用成本主要是利息，而利息可以在税前扣除，因此，具有抵税的作用。

2. 发行债券的税务管理

根据国家税法的规定，债券利息可以在税前列支。企业可以通过分期付息和定期还本付息两种方式来支付利息。

3. 企业间资金的税务管理

企业间资金的借用通常要通过合法的金融机构进行，相较于银行贷款，企业间资金的借用在资金回收和计息等方面都有着较大的弹性空间和可商讨的余地。对于有自己财务公司或者结算中心的大企业来说，采用这种方式所得到的税收利益最为显著。

4.借款费用的税务管理

企业在日常生产管理中，所借的款项，绝大多数会产生借款费用，这些费用大多在税前扣除，但其中一部分可以算入资产成本，分期分批扣除。例如，企业在购置无形资产或是进行固定资产建造时，需要经过12个月以上时间建造才能达到可销售状态的存货发生借款的，在期间发生的借款费用，计入有关资本成本，按规定扣除。

5.租赁的税务管理

租赁通常有两种方式，即经营租赁和融资租赁，而这两种方式都对减轻企业税务负担有重要的作用。站在承租人角度看，前者的租金在税前就可以扣除，由于纳税基数减少，因此，最终所缴纳的税金也会相应地减少。如此一来，企业承担的税务负担也会减轻。后者融资租赁的资产，可以通过计提的方式折旧计算，归入成本费用中。计算税金时，就可以将这部分税金基数扣除，企业所缴纳的税金减少，企业的税务负担也就相应地减轻了。

（二）债务筹资的税收筹划

由于企业采用了债务融资的方式，因此，资本收益率会提高，这也充分体现了负债的财务杠杆效应。与此同时，企业还应当考虑负债的财务风险，需要考虑自身的风险承受能力。如果企业有较重的负债压力，资本结构缺乏科学合理性，就会增大企业的财务风险，对企业的后续经营产生长远影响。因此，企业财务部门在进行债务筹资的税收规划时，要充分考虑资本结构的因素，综合权衡后，再制定相应的筹资政策。

二、权益筹资的税务管理

（一）权益筹资税务管理的形式

1.发行股票的税务管理

当企业利用股票进行资金筹集时，要考虑股票发行过程中资金成本的计算。税法规定，企业发行的股票，相应的税金只能在税后利润中扣除，而不能在税前扣除。

2.留存收益筹资的税务管理

企业选择留存收益筹资的方式，可以规避二次纳税的情况，因收益在向外分配时会增加纳税次数，进而增加企业的税务负担。因此，在相同的条件下，企业留存收益是一种比较有效的税务管理手段。

3.吸收直接投资的税务管理

企业可以通过各种方式筹集资金，不管是组织、企业、单位还是个人。只要直接筹资汇到企业账户，与企业签订相应合同后，就可转化为企业的权益资金，但所支付的红利只能在税后进行扣除。由于不能在税前进行扣除，因此，不能享受税收的优惠。企业在吸收外部资金时，应当考虑融资的资金成本问题，要进行科学核算，并提前做好成本规划，以最大限度地降低企业的成本开销。

（二）权益筹资的税收筹划

在企业筹资的过程中，企业所筹到的资金应当归为企业的债务，而债务在企业资金中占有的比重越大，核算出的每股利润就会越高，但虚高的利润并不能为企业带来实质性的收益，反而会让企业产生高盈利的错觉，实则企业的税务风险增大。因此，企业应当考虑筹资资本结构配置，避免企业因财务风险过高而带来巨大的财务压力。

第三节　投资税务管理

本节将从三个方面重点介绍企业投资税务管理的相关内容，其中包括研发税务管理、直接投资税务管理、间接投资税务管理，下文将对各部分内容进行详细阐述。

一、研发税务管理

根据《中华人民共和国企业所得税法》的规定，企业开发新产品、新工艺、新技术产生的研发费用，可以在计算应纳税所得额时进行加计扣除。企业研发新的产品、工艺以及技术时产生的研发费用，没有形成无形资产的，应当计入当期的损益中，在按税法规定如实扣除的基础上，再按照研发费用的50%加计扣除；已经形成无形资产的，按照无形资产的150%进行摊销。与此同时，对企业由于技术开发费加计扣除而形成企业年度亏损的部分，应当作为纳税调减项目处理。

二、直接投资税务管理

直接投资税务管理的主要内容可分为投资方向、投资地点、投资方式以及企业组织形式四方面来进行税务管理。

（一）投资方向的税务管理

税收是国家进行经济调控的重要手段和方法，它是国家制定相应经济政策和税收政策的杠杆。例如，按税法规定，对于国家重点支持的高科技企业，按15%的税率征收企业所得税；对于国家重点支持和鼓励的创业型企业，在进行投资时，企业可以享受到按投资额的一定比例抵扣应纳税所得额的政策支持。这些政策旨在引导企业向自主创新与技术研发的方向发展，投资资金也倾向于高新技术领域。

（二）投资地点的税务管理

企业在制定投资决策时，需要对投资地点的税收政策进行充分的了解和掌握，分析其投资地政策是否适合企业的长远发展，企业能否从中获得更大的政策支持。通常一些地区为了促进招商引资，会出台一系列的税收优惠政策和措施，以提升本地区的竞争力，同时支持刚落地的企业快速地融入当地环境。

（三）投资方式的税务管理

企业也可以通过其他投资方式来实现减轻税收负担的目的，如采取土地使用权、知识产权、实物、货币等投资方式。企业应就自身发展规划以及经营管理特点，进行合理选择。

（四）企业组织形式的税务管理

企业在不断发展壮大的过程中，可能会设立分公司、子公司等分支机构，这些分支机构是否拥有法人资格，决定了其缴纳所得税的方式。因此，企业在发展规划中，也应当将这一因素考虑其中，决策一旦制定并落实，对企业产生的影响就会非常长远。

三、间接投资税务管理

间接投资，通常也称为证券投资，是指企业并不直接参与所投资的项目，但通过对应项目或企业的债券或股票来间接参与投资。间接投资不同于直接投资，其不用考虑过多的项目情况，所要了解的投资项目的信息较少，也不用花费太多的精力和时间，因此，也不涉及过多的与税收相关的因素，但对其进行税务管理仍有可以规划的空间。如企业购买的债券或股票等，在进行税务管理时，要将企业所得税考虑在内；在企业的财务管理以及会计目标制定时，也应考虑这一因素。

第四节　营运税务管理

企业在生产经营过程中，采用不同的计价核算方式、购销方式、结算方式等，都会使企业在税收负担以及税收待遇上有所不同。因此，企业在生产经营过程中应当充分考虑税收因素，以减轻企业税收负担，实现企业价值的最大化。

一、采购的税务管理

采购是企业生产经营过程中的生产资料的供应环节，采购主要涉及流转税中的增值税进项税额，企业在采购过程中应当注意以下几方面。

（一）购货对象的税务管理

企业从不同类型的纳税人处采购货物，所承担的税收负担也不尽相同。例如，小规模纳税人不能开具增值税发票，因此，一般纳税人从小规模纳税人处采购生产资料时，增值税不能进行抵扣。当然，由税务机关代开的情况除外。这就要求企业在选择采购对象时，要提前考虑到这一因素，而要在合作过程中再选择更换的话，可能会给企业增加因采购对象变更而带来的成本。

（二）购货运费的税务管理

依据现有的增值税管理规定，采购原材料时产生的运费可以抵扣增值税。因此，企业要保存好采购原材料时产生运费的有效凭证，做好账目登记，以便在进行会计核算或预算时，纳入成本管理规划中。

（三）代购方式的税务管理

委托代购业务一般可以分为受托方按正常购销价格结算以及受托方只收取手续费两种方式。这两种代购形式都不会影响企业的正常生产经营活动，但其税收管理方式和财务核算的方法却不相同。因此，企业要提前与受托方商定结算方式，为后续的税收管理和财务核算做好铺垫，企业相关部门要在这方面有一个整体规划。

（四）结算方式的税务管理

结算方式可以分为预付账款、现金结算以及赊购等方式。预付账款指的是企业按照购货合同的约定，以货币资金或货币等价物的形式预先支付供货商的款项。现金结算是指企业在进行商品交易或是劳务供应过程中，直接使用现金进行应付款项结算的行为，它是货币结算的方式之一。在国内，这种结算方式主要适用于单位与个人之间款项的收取和支付在现金结算起点金额以下的零星小额收付。例如，企业或单位为员工发放工资、奖金或是其他补助等。所谓赊购，就是先从供货方拿到货物，再延期进行支付的方式。

（五）采购时间的税务管理

由于增值税采用购进扣税法，因此，当预计销项税额大于进项税额时，企业可以适当提前进行货物采购，这样可以推迟纳税。

（六）增值税专用发票管理

企业在进行原材料的采购或接受服务以及从事其他生产经营活动支付款项时，应当及时向供货方索要符合规定的增值税专用发票，而发票不符合规定时，不能作为税收抵扣的凭证。与此同时，企业财务部门还要注意纳税人申报抵扣的时间，必须在专用发票开具之日起 180 天内到税务机关进行认证，否则不予抵扣进项税额。

二、生产的税务管理

企业进行产品或服务的生产过程，实质上就是将各种原材料成本、员工工资和相关费用转移到产品或服务上的过程。企业在生产经营过程中，应当注意以下几个方面。

（一）存货的税务管理

根据会计准则的规定，存货计价可以采用个别计价法、加权平均法、先进先出法等计价方法，不同的计价方法为税收规划提供了可操作空间。

（二）固定资产的税务管理

企业可以采用加速折旧法或直线折旧法进行固定资产后续的计量，不同的折旧方法会影响产品或服务的成本以及当期费用。

（三）人工工资的税务管理

根据《中华人民共和国企业所得税法》的规定，企业实际产生的合理工资支出，在企业所得税税前扣除时，不再受计税工资或工效挂钩扣除限额的限制，可以全额据实扣除。

（四）费用的税务管理

不同的费用分摊方法既会影响产品的成本，也会影响企业的税收和利润，企业可以选择科学合理的分摊方法来进行税务筹划。

三、销售的税务管理

销售是一家企业生存和发展中至关重要的一环。企业生产的产品或服务再好，如果没有很好的销售量，那么企业的经营或管理甚至企业的生存发展就无从谈起。企业的销售收入不但直接影响当期流转税额，而且关系到企业所得税额的多少，它是影响企业税收负担的主要因素。企业在销售过程中应当注意以下税收问题。

（一）销售实现方式的税务管理

企业的销售有多种方式，其中最常用的有两种，即现销方式和赊销方式。所谓现销，指的是一手交钱，一手交货。对于供货方来说，在卖出货物的同时，就收到货款；而赊销指的是先交货，延期再付款。对于供货方来说，货物交给买家的时候，当时没有收到货款，在未来的一个时间点才能收到货款。

在现销模式下，一旦企业的产品或服务完成销售，企业就能收到货款，这项货款可以直接列入企业的营业收入；如果是赊销模式，当企业完成货款销售后，不能马上收到货款，而在未来某个时间点收到的货款应当作为企业的应收账款。财务在进行税务统计时，应当考虑两者的区别。

（二）促销方式的税务管理

常见的促销方式有购买商品赠送现金抵扣券、购买商品赠送实物以及打折销售等。促销是企业在零售环节常用的销售策略。

（三）特殊销售行为的税务管理

在新经济时代，企业逐渐趋于多元化发展，进而出现了兼营以及混合销售的销售方式，税法在这方面也作了较为明确的规定。企业如果能在决策前进行合理规划，就可以有效减少税收支出。

第五节　税务风险管理

税务风险指的是企业的涉税行为因违反税法的规定而遭受财务损失、法律制裁，或是声誉损害的可能性[①]。企业进行财务风险管理，其目的就是通过采取相应的管理措施和对策，以防止或避免企业的偷税漏税行为。

---

① 张晓华. 税务稽查与税务风险管理研究 [M]. 北京：中国商务出版社，2019：215.

一、税务风险管理的目标

（1）税收筹划既应当符合税法的规定，又应当具有合理的商业目的。

（2）企业的日常经营活动和企业决策既要考虑税收因素的影响，又要符合税法的规定。

（3）对税务事项的会计处理，既要符合相关的会计准则或制度，又要符合相关的法律法规。

（4）企业的纳税申报以及税款缴纳应当符合税法的规定。

（5）税务资料的准备、税务档案管理、账簿凭证管理以及税务登记等与税务相关的事项应当符合税法的规定。

企业的税务风险管理是企业风险管理的一部分，由于企业的各项生产经营活动都涉及会计核算，因此，企业的会计核算与企业的税务核算有着直接的关联性。

综上所述，企业一切与税务相关的事项，都应当在相关的法律法规下操作，这也是企业首要遵循的原则。此外，还要符合相应的会计准则或制度的要求，在此基础上，企业再根据自身经营和发展状况来管控税务风险。

二、税务风险管理环境

在企业的生存发展中，税务风险的管理受各方环境的影响，不但包含税务工作本身的环境因素，如税务管理的体系和税务管理的监督机制等；而且税务工作以外的环境因素，如国家宏观政策法规的调整等。税务风险的识别需要相关人员具备相应的专业知识，其评估也需要科学合理的方法。这些工作都体现在具体的税务风险管理机制中，要依据对各个岗位的职能划分以及职责的界定，对相应的工作内容进行调整和完善。

三、税务风险管理组织

企业应当根据生产经营的特点以及内部税务风险管理要求，设置税务管理机构和岗位，明确账务岗位的权限以及职责。

企业税务管理部门要履行的职责主要有以下几方面。

（1）财务部门应当积极参与企业长远发展规划和重大经营决策的税务影响分析，并提出相应的企业税务风险管理建议。

（2）制定和完善企业税务风险管理制度以及其他涉税管理规范。

（3）进行企业税务的风险监测、评估和识别，对企业日常税务风险进行实时管理，并采取相应的应对措施。

（4）对企业相关部门以及子公司或分公司等进行税务风险管理的工作。

（5）在企业内部建立一套及时且有效的沟通及信息管理机制。

（6）税务管理部门应当对企业各部门进行税务知识培训，并为企业内的其他部门提供相关税务咨询。

（7）税务管理部门应当协助相关职能部门进行账簿凭证、税款缴纳、纳税申报和其他涉税数据相关资料的统计及管理工作。

（8）企业的其他相关税务风险管理工作。

企业的管理应当有一套严格有序的机制，明确职责划分。企业的税务管理部门也要形成一套有效的管理机制，各个岗位之间既要保持相互独立、相互制约，又要协作沟通。机制要尽可能明确各种情形下处理问题的标准，这样可以避免人为因素的干预。企业相关税务人员应当随时关注国家政策法规方面的信息，不断学习和掌握相关的专业知识，以提高自身业务能力水平和职业素养。

四、税务风险识别

企业应当定期、持续、系统、全面地收集和整理企业内外部的信息，并结合企业自身的生产经营状况，通过税务的风险识别、分析和评价等步骤，找出税务管理工作流程以及企业生产经营过程中的税务风险，分析和记录税务风险发生的条件和可能情况，根据这些风险在企业税务管理目标实现过程中的影响程度，确定税务管理工作的轻重缓急以及相应的解决方案。

总体来说，企业应当结合自身的税务风险管理机制以及企业自身的实际经营状况，对以下九方面的税务风险因素加以重点识别，如图 6-1 所示。

由图 6-1 可以看出，企业税务风险因素大致可以分为企业内部风险因素和企业外部风险因素。关于企业税务风险的识别，其中，内部因素包括税务相关人员的业务能力、企业的组织形态和经营管理流程、税务管理制度等；外部因素包括国家相关税法规定、行业或产业政策动向、经济市场的波动等。可以看出，众多的因素会带来诸多税务风险，如何从中分辨风险类型，找到其风险根源，是一名专业的财务管理人员必须要深入思考的问题。

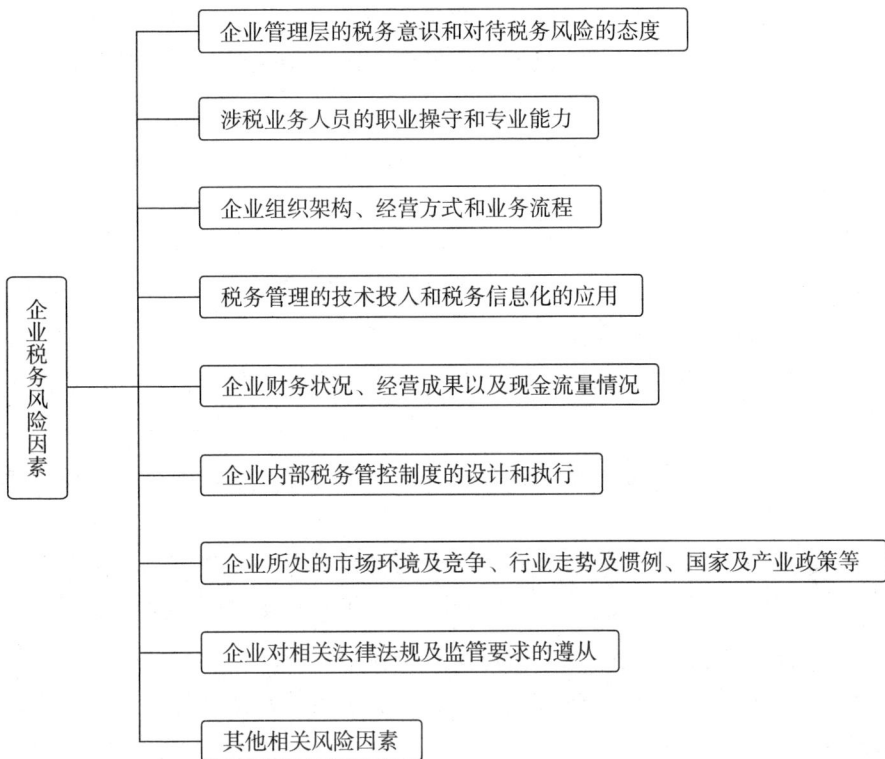

图 6-1　企业税务风险因素示意图

五、税务风险应对策略和内部控制

企业税务管理的核心是对信息的使用和管理，其中，信息包含国家相关税法的最新政策、税法调整的最新信息、企业所属的性质和所处的发展阶段等。根据已知的信息，选择适合企业发展的纳税方式，及时有效地足额缴税，是一家企业要执行的最基本的税务管理工作。一旦出现税务风险，对企业的影响不仅是资金损失，更重要的是企业形象和声誉会随之受损，而这并不能在短时间内迅速恢复。

企业在产生税务风险后，应当在第一时间对风险进行分析，找出风险的根源，并制定相应的补救对策；在风险排除后，要及时进行归纳和总结，建立风险预防的管理机制，以避免同样的风险再次发生。对于同时出现的相互独立的税务风险，要区分主次和轻重，先解决主要的和重大的风险问题，可以同时解决的风险问题就不要单独处理。

对涉及税务流程与税务管理职责的重大税务风险，企业应当制定覆盖每一个环节的全程监控措施；对涉及税务业务流程的其他风险，税务管理部门应当在关键节点采取相应的控制措施。

企业的税务管理部门应当参与企业内部的整个组织架构、产品或服务、企业生存与发展等长远规划，以及企业的重大组织调整、重要合同的签订、重大重组与改制等重大事项的决策，参与产品或服务的价格制定、跨国业务战略的策略制定等重要生产经营活动，时刻分析和监控相关的税务风险。总体来说，企业的税务管理部门应当时刻与各个部门保持密切的联系，并协同相关的职能部门，通过以下四个方面的措施来管控企业在日常生产经营过程中可能产生的税务风险。

（1）税务管理部门应当参与企业日常生产经营业务中涉税事宜规范和政策的制定与审核工作。

（2）税务管理部门应当制定各项涉税的会计事务的工作流程，并明确各个岗位的权限以及职责，确保在相关法律法规的规范下处理企业税务事项。

（3）纳税申报表的编制、审批和复核要力求完善，健全税款缴纳的工作流程，明确相关岗位的权限与职责，保证在税法规定的范围内进行纳税申报以及税款的缴纳。

（4）按照相关税法规定，全面、完整和真实地保存有关涉税的业务资料，将资料提交有关部门，并进行报备。

六、税务信息管理体制和沟通机制

企业应当建立起一套完整且健全的税务风险管理的沟通和信息制度，明确与企业税务相关联的税务信息的采集、处理、分析和传递的工作程序，以保证企业税务部门内部之间、与其他部门之间、与企业决策层和管理层的信息沟通和共享，并及时进行反馈，总结在税务管理的过程中所遇到的问题以及解决策略。

此外，企业应当将税务管理的信息化应用到涉及税务管理的各项工作流程中，建立起一套全方位的风险管理流程系统，覆盖税务管理的各个环节，把各项税务管理工作，都与信息化技术结合起来，以信息化带动管理的规范化、高效性和精准性。企业所有税务管理的工作流程以及措施的执行都应符合相关税法法规的规范以及税务风险管理的要求。

七、税务风险管理的监督和改进

企业应当定期对税务中存在的风险进行审核和评估，以期及时发现问题，并采取有效措施规避风险。在风险发生前，没有人可以准确无误地预判风险发生的时间和导致的结果。这就要求企业在实行定期监管的同时，还要进行动态监控，以及时发现风险隐患。在不断处理和解决问题的过程中，企业财税部门要不断从工作实践中总结经验，完善自身的财务管理和税务管理。没有完美无缺的管理制度，只有更有效、更完善的管理方法。

第七章　新经济时代财会工作实践创新

本书前六章详细阐述了财务管理与会计工作的相关内容，本章作为最后一章，将综合介绍新经济时代财会工作的创新内容，其中包括财会工作概述、财务管理实践创新路径、会计管理体制实践创新路径、财务管理创新与会计实践发展的融合、新经济时代财会工作实践面临的挑战以及新经济时代财会工作创新发展路径的相关内容。

第一节　财会工作概述

所谓财会，指的是财务与会计的并称。财务会计以货币为主要度量，是确认和计量企业已经发生的资金或资产交易，并最终以财务会计报表的形式呈现出来，定期向经济利益相关方提供企业会计信息的企业外部会计。财务会计需要为企业信息的使用者提供相应的会计信息，以帮助使用者进行决策。

财务会计有着较长的发展历史，从其诞生之日起，财务会计经历了商业经济时代、工业经济时代以及现代会计时代三个阶段。在每个阶段中，财务会计都有其不同的特点、时代背景以及发展状况。

（1）商业经济时代并不存在真正意义上的财务会计，这一时期的会计只是从事"簿记"的工作，随着社会的发展变革，对会计人员提出了更高的要求。

（2）到了工业经济时代，随着生产社会化程度的不断提高，社会以及市场对会计工作的要求越来越高，因此，出现了一系列的会计概念和一些基础的会计理论，会计工作对管理的研究也逐渐增多，从单纯的成本数据收集和计算逐渐转变为对成本的管理，一些地方也出现了管理会计与财务会计协同合作的现象。

（3）进入现代会计时代，会计工作逐渐规范化，不仅有相关法律的出台，还有配套的会计准则以及相关体系的构建，使财务会计的工作逐渐正规化和专业化。为了更好地适应现代企业的科学化管理，会计的工作流程逐渐标准化，且更易于操作，对财务会计的评价和考核体系也逐渐成熟。

第二节　新经济时代财务管理概述及实践创新路径

财务管理在企业管理工作中占有极其重要的地位，它是企业对资金的筹集以及有效且合理使用的一项重要管理工作。企业发展的总目标决定了企业财务管理目标的制定。企业财务管理目标要想顺利实现，就要先清楚影响企业财务管理目标实现的各项因素。企业财务管理目标不仅受企业外部社会环境、市场环境以及生态环境等因素的影响，还受企业自身管理架构、管理决策、生产发展以及财务状况等因素的影响。随着新经济时代的到来，企业进行财务管理的外部以及内部环境都发生了很大变化，企业只有紧跟时代发展的步伐，不断革新和调整财务管理理念，发展新的工作思路，实践新的工作内容，招揽具有新思想、新理念的专业人才，才能在不断变化的环境以及激烈的市场竞争中谋求新的发展，占领市场先机。

随着企业生产发展的逐渐规模化，经营的逐渐集约化，管理逐渐专业化和精细化，企业自负盈亏和自主经营的观念不断增强，企业也逐渐将成本管理以及利润管理作为财务管理的工作重心。财务管理作为企业管理的核心关键点，必须要紧跟社会发展形势和经营理念的更新调整，打破传统模式的束缚，不断加强财务预算管理，及时进行成本核算工作，并配合落实财务监督管理，有效降低企业各项成本，最大限度地降低财务风险，并最终实现企业效益的最大化。

一、新经济时代企业财务管理的目标

当今的企业处于新经济时代发展的大背景以及现代企业管理制度下，企业生产经营成功与否，更多地取决于企业的财务管理制度能否充分应用好和实施好。财务管理不但与企业资产获得的方式和效率以及资产使用的决策有着密切的关系，而且与企业的管理模式、生产经营模式、推广销售渠道以及客户服务理念有着直接的关系。财务管理作为企业管理工作中的一项重要工作内容，其总目标直接取决于企业发展的整体规划和未来发展方向，与此同时，财务管理自身所具有的特征也制约着财务管理目标的实现。由于企业自身具有营利的性质，其目标就要保证企业自身的生存，追求企业的长远发展，并在生存发展过程中持续不断地获得相应的收益。基于此，企业财务管理需要筹集企业发展的资金，合法、合理且有效地使用和配置资金，将盈余资金投放到相对稳定且具有相对可观收益的项目上。唯其如此，才能实现企业利润的最大化与税后利润的最大化。

二、新经济时代企业财务管理的特征

企业管理的工作内容包括财务管理、生产管理、技术管理、设备管理、人力资源管理以及销售管理等。企业的管理工作之间需要密切协调与配合，从表面上看，它们彼此之间有着科学严谨的分工，有着各自不同的管理特点，而在实际管理中，各个管理部门的工作内容又相互交叉。其中，财务管理工作是其他各项管理工作的核心，具有以下三方面特征。

（一）财务管理是一项综合性管理工作

财务管理主要通过价值的衡量标准对企业的生产经营活动进行管理和评价。通过价值的尺度，企业财务人员可以将企业生产经营活动中的一切物质条件、生产经营过程以及产出成果的数据进行合理的规划、使用和管理，从而不断提高企业效益，增加企业财富。财务管理工作的落实和执行需要企业中各个部门的配合和协作，各个部门需要提供本部门真实的工作数据，甚至需要配备相应的与财务部门对接的人员，以便于随时沟通与反馈。企业领导层也应当给予财务部门相应的权力，帮助财务人员做好统筹协调工作，将财务工作制度化。

（二）财务管理与企业各方面具有广泛联系

在企业的生产经营过程中，一切涉及资金的工作都与财务管理相关联。在企业实际经营的过程中，各个部门之间都或多或少地涉及资金的使用、运转、收入与支出的分配等事宜，不涉及资金往来的工作通常很少。可以说，财务管理或资金往来在企业内部或员工个人身上随时都有可能发生。企业内部每个部门或每个人都会通过资金的申请和使用与财务部门发生着联系。企业中的每个部门都要接受财务部门的约束、监督和指导，让资金的使用更加合理，充分利用每一项资金，记录好每一项资金的收入和使用情况，使企业获得更高的经济效益。

（三）财务指标能真实反映企业生产经营状况

在企业的生产管理中，企业的财务指标可以清晰、充分且快速地反映出企业的生产经营是否合理，技术装备是否先进，生产销售是否顺畅，企业决策是否正确等信息。如果企业的生产经营发展得顺利，产品质量上乘，生产技术及工艺先进，产品的市场认可度较高，那么，企业的流动资金就会充足，盈利能力也就较强，这些数据会快速地反映在企业的财务指标中。从中可以看出，财务管理工作虽然有着自身的独立性，但也受企业各项管理工作的制约，企业各个部门对财务管理工作会产生相应的影响。财务部门应当在做好自己本职工作的同时，将有关财务指标的变化及时地反映给企业的领导层，这样，企业在宏观层面才能对整个企业的走向有清晰的认识，并能及时地进行调整。财务管理部门可以将企业各个部门的工作都纳入提高企业经济效益的范畴，真正实现财务管理的目标。

三、新经济时代企业财务管理有待改善之处

在新经济时代背景下，社会发展的需求发生了变化，市场需求进行调整，产品或服务更新换代的速度不断加快，新的技术不断涌现，因此，企业的财务管理也面临着诸多挑战，其中有许多急需解决的问题。

第一，许多企业一直沿用传统的经营理念，在企业经营过程中只是单纯地追求产品销量以及市场占有率，从而忽视了财务管理的重要性，导致企业局限在以生产经营和销售经营为主的管理格局中。许多企业还沿用传统的粗放式管理和粗放式经营，没有进行精细化管理，更谈不上管理上的精益求精。当今市场和行业间的竞争愈加激烈，资源以及资金的充分利用已经成为企业生存发展的关键，如果不能有效地管理资金，企业就可能不知不觉地被市场淘汰。现代企业管理模式要求企业在财务管理上要精益求精，精打细算，但这并不是"艰苦朴素"的意思，而是要将有限的资金用到最需要的地方。

第二，有些企业的成本核算缺乏真实性。企业内部有些人员甚至会为了某种目的而人为地修改财务数据，这就导致成本核算失去了原有的真实性，形成了企业实亏虚盈的假象。由于企业的规模有限，人员构成简单，家族式管理较为普遍，有些企业内部人员为了自身私利，会对财务数据进行修改，而不会过多地考虑企业的长远发展。如此一来，缺乏真实性的成本核算比没有成本核算对企业的影响更为严重。这可能会直接影响企业未来的生产发展战略的制定，表面的虚假营利可能会将企业引入歧途。

第三，在企业的实际生产经营活动中，有的中小企业没有专业且详细的账本，有的企业即使设有账本，也是由企业内部亲属所掌管，会计与出纳通常由同一人来担任，财务管理杂乱无章，随意性很强。录用家族人员或是家族式的管理会让企业的内部管理无法顺利开展，一些管理制度或企业政策无法真正落实到位，这些人员可能会超出企业的管理权限。会计与出纳由同一人来担任，会让企业的资金管理出现巨大漏洞。若是相关人员的个人素养和责任心缺失，则会给企业带来很大的资金流失风险。同时，这样的人员安排也违反了相应的监督审查机制。

第四，企业内部人员专业素质普遍较低，相应地财务管理制度也不健全，财务管理的专业人才缺失或是基本没有，因此，企业真正的财务管理工作无法开展。这主要取决于企业领导层的整体素质水平。若企业领导层普遍素质水平较低，通常就不会重视企业人员录用的素质，进而财务管理相关人员的专业素质也不会很高，企业所招的财务人员也只能从事一些简单且表面性的工作。这样的人员至多可以进行简单的数据采集、统计和记录的工作，而数据的真实性与合理性则得不到保障；至于财务管理中更为复杂的数据分析、财务管理目标的制定、财务监督的实施等工作，财务人员则很难从事。因此，现代企业管理制度中的财务管理工作在这样的企业中难以顺利开展。

第五，企业财务管理的信息化水平较低。业务数据、财务数据以及税务数据之间相互脱节，不能有效地进行集中核算和综合处理。由于没有信息化的支持，因此，企业内部各部门之间的财务数据难以实现共享。由于缺少专业的财务管理人员，因此，财务管理的工作内容无法实现流程化和制度化，也就无法进行大量的财务数据统计分析。由于没有精细的财务数据控制，因此，企业的库存也无法实现有效管理。

四、新经济时代深化企业财务管理内容的途径

深化财务管理的内容要从增强企业内部各个部门的财务意识做起，并在企业中树立"大财务"的观念，同时，企业的领导层需要赋予财务管理部门资金、财务、计划以及法规制度等方面的管理职能。企业内部各个部门应当以财务部门为核心，并从财务管理的内容、范围以及方式三个方面入手，进行财务的精细化管理。财务的精细化管理要求在企业的日常管理工作中，根据企业自身的实际情况，将财务管理的工作内容进一步细化，并进行分解，分配到企业的各

个部门，而后再对各部门的财务数据进行整合处理，与此同时，要配合相应的财务管理制度。

（一）完善资金管理体系，确保劳动资金顺利流转

企业内部应当建立一套完整的资金管理制度，以实现资金的统一管理和集中调度，将企业所有资金支出的审批权集中到财务部门。财务管理部门应当根据企业的经营规模，设置两级不同的资金使用权限，严格且精细地执行收入和支出两条线的资金管理方式。企业各部门产生的销售收入要及时且全额进行清缴，各部门所需的费用应当由财务部门审核并进行拨付。有长远发展规划的企业，还需要进一步落实资金使用的三级权限管理制度，财务部门要及时回收资金，及时并全面地掌握企业整体的资金使用情况，实现资金的统一分配调度，以减少资金的呆滞，最大限度地减少坏账及呆账情况的发生。在企业内部建立起相应的规章制度，规范财务管理的工作流程以及各部门资金使用及申请流程，保证企业内部资金的使用规范和清晰，责任清楚。此外，还要对各部门进行定期财务考核，制定合理的财务奖惩制度，保证企业各部门之间紧密的配合关系，清除企业内部资金运转的制度、沟通以及人员障碍。

（二）优化财务结构，降低融资成本

要保证企业资金的流动比率不能低于1，这既可作为衡量一家企业财务风险的红线，也是信用评级机构对企业进行信用评级时的重要指标。这一标准也是企业进行良性发展时正常的资金状况，在这个标准下，企业可以正常维持生产经营的资金运转。为达到这个标准，企业不但要取得更加良好的业绩，而且要制定稳定且可持续的企业发展政策以及稳健的财务管理和会计政策。与此同时，企业还要塑造自身良好的商业信誉，树立良好的企业形象，充分发挥企业的社会价值，以便顺利地从银行等金融机构获得贷款，享受更优惠的贷款利率，补充可能出现的流动资金不足的情况。

（三）全面评估，追踪管理，确保投资效益

企业在进行投资活动前，需要对所投资的项目进行详细和全面的考查和论证，财务部门在投资前期需要做大量调研工作，最大限度地收集相关投资项目的数据，不管是历史数据，还是实时数据。此外，企业在选择投资项目时，也要尽可能地结合企业发展方向，可以和企业从事的生产经营活动相衔接。这样选择的好处是，企业不但可以从所投资的项目中获得相应的投资回报，而且企业所投资的项目可能会助力企业在自身业务范围内产生新的思路、新的产品或服务，甚至帮助企业开创新的市场。而企业也可以选择与自身业务不相关的领

域，这样选择的好处是，降低了同行业或是相关行业因市场波动或社会大环境的变动而带来的不确定性风险，"不把鸡蛋放在同一个篮子"。在投资项目运行过程中以及项目完成后，企业财务部门应当随时对其进行管理、监督、考核以及评价，在这些过程中，要做到尽可能精细，以确保所投资金的保值与增值，保证企业投资资金的回报最大。

五、新经济时代企业财务管理的创新路径

前文已经介绍了在新经济时代背景下企业财务管理的目标、特征，管理过程中有待改善的地方，以及如何深化财务管理的工作内容和提高财务管理水平。有了以上内容做铺垫，接下来将从七个方面进一步阐述在新经济时代中，企业财务管理的创新路径，如图 7-1 所示。

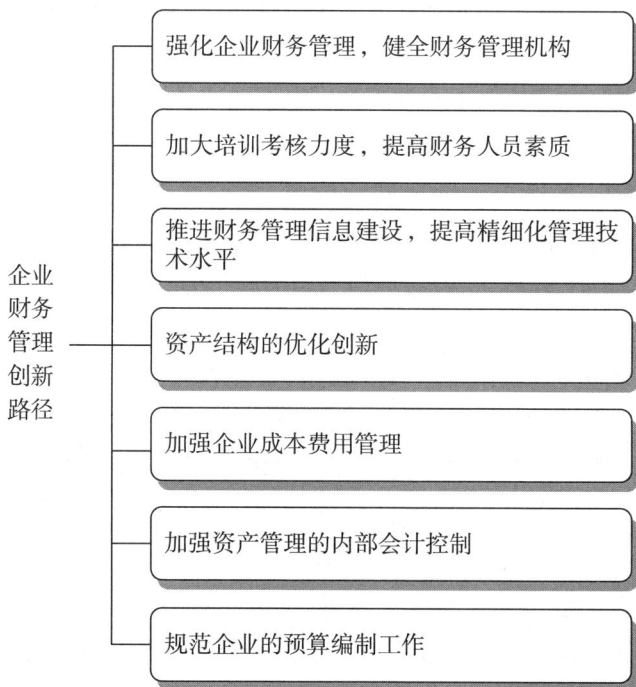

图 7-1 企业财务管理创新路径图

新经济时代下，企业财务管理创新的路径主要从组织管理架构、财务管理人员素质、信息化建设、资产结构、成本管理、会计控制以及预算编制七个方面来分别简述企业财务管理创新的着眼点。其中，组织管理架构和财务管理人

员素质是创新的出发点，信息化建设是创新的工具，优化资产结构、成本管理、会计控制和预算编制是创新的发力点。

（一）强化企业财务管理，健全财务管理机构

在新经济背景下，市场以及行业间的竞争愈加激烈。企业要谋求生存和发展，就要重视企业的财务管理，逐渐健全企业的财务管理机构。企业的领导者要不断地深化对财务管理的理解和认识。企业的领导者不但要善于生产和经营，而且要善于管理，对相关的财务及会计常识和法规有一定的认识。企业管理的根本在于财务管理、会计管理以及对会计信息的处理，企业生产经营过程中，资金的运转和使用以及现金的流动都需要通过财务管理来实现。在企业财务管理实践工作中，除了企业领导的重视外，还需要企业各部门的通力配合，并且要不断完善和健全财务管理的组织架构。根据企业所属的行业特点来设置相应的财务核算机构，同时，为了保证财务管理人员的专业性，还要求财务管理人员具有相应的从业资质。只有这样，才能保证企业在正确的财务管理道路上不断发展。

（二）加大培训考核力度，提高财务人员素质

通过会计核算的方法，进行企业的经营管理工作，对企业经济活动的合法性、合理性以及有效性进行核算和监督，为企业领导层提供真实有效的投资与决策数据，降低企业生产经营风险是企业财务管理人员的重要职责。因此，企业财务管理人员应当做到以下三方面。

其一，要熟练并充分运用会计政策以及财务管理方法对企业自身的生产经营活动进行如实记录、计算、预测、数据分析以及控制评价，使企业的资金处于最佳运行状态，资金得到充分利用，并产生最大的收益。

其二，要熟悉并掌握与财务相关的经济管理知识以及现代经济管理的方法，如量本利分析法、目标管理法以及审计学等。

其三，组织企业财务管理人员参加财务管理以及企业管理培训，满足培训要求的财务管理人员可以上岗从事财务实践工作。通过提高财务人员的专业水平以及财务管理能力，提高企业整体的财务管理能力，以进一步降低企业的财务管理风险。

（三）推进财务管理信息化建设，提高精细化管理技术水平

随着现代信息技术的发展，企业可以实现财务管理的高效、统一和集中化管理。企业积极进行财务管理以及企业管理信息化建设，不但企业自身的资金管理可以实现高度的统一集中，而且可以加强企业自身的管理，将企业自身的

改革创新引向深层次，从而建立现代企业的管理制度。另外，企业的信息化建设也有助于提高企业自身的财务管理水平，提高企业资金的利用率，降低资金使用风险，增强企业的核心竞争力，这对企业的长远发展具有重要的战略意义。对于达到一定规模的企业来说，还可以提升其参与国际竞争的实力。

企业通过提高精细化管理水平，可以帮助其财务管理人员减轻日常会计核算的复杂性，这可以为相关人员腾出更多的时间和精力，进行更为复杂的财务分析工作，从而做好财务预算管理以及成本管理工作。通过精细化的管理理念，企业可以对资金的使用以及成本的管理控制在理想的水平上，这既使企业自身的管理步入正规化和制度化，也提升了企业在市场中的竞争力。

企业生产经营活动有了信息化的参与，再加上精细化管理的应用，企业从原材料的采购到最终产品或服务的成功销售，甚至到售后服务阶段，都可以实现全产业链条的实时监控。同时，企业还应不断学习和掌握先进的管理理念和管理方法，使自身资金流、信息流、工作流以及物流等实现高度统一和系统集成。

（四）资产结构的优化创新

在这里，需要引用一个概念——知识资产。所谓知识资产，是指在知识经济时代背景下，在企业的生存和发展过程中产生的显性知识和隐性知识价值的总和。知识资产并没有具体的实体形态，它需要通过一定的载体才能得以展现，并在一定的阶段内可以为企业带来经济收益。

知识资产可以大致分为有形知识资产和无形知识资产，有形知识资产如专利授予的合同协议以及工业品或产品外观设计；无形知识资产如产品品牌、企业的商业机密、企业管理机制和企业中的群体技能等。[①]

常见的知识资产有四种类型，如图 7-2 所示。

---

① 邱均平，张蕊，文庭孝.知识管理学概论：修订版[M].武汉：武汉大学出版社，2019：346.

知识资产

市场资产
- 产品品牌
- 长期客户资源
- 客户信任度
- 产品销售渠道
- 专利授予的合同协议

知识产权资产
- 版权作品
- 企业或产品商标
- 产品专利
- 工业品或产品外观设计
- 地理标志
- 企业的商业机密

人力资产
- 企业管理机制
- 企业领导能力
- 处理问题能力
- 创造力
- 企业中的群体技能

基础结构资产
- 企业运转的技术方式
- 企业运转的工作方式
- 企业运转的工作程序

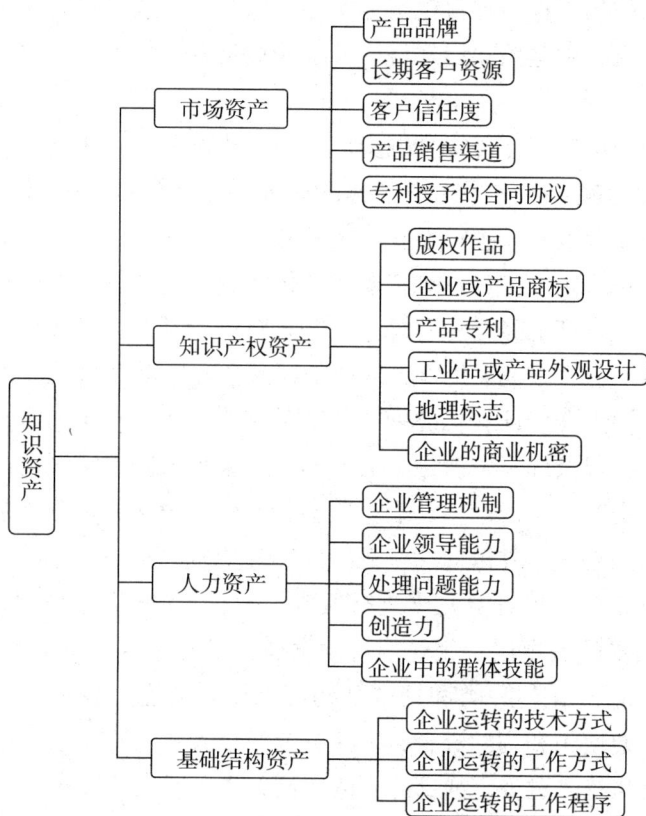

图 7-2　知识资产示意图

一是市场资产，其指的是企业自身具有的与市场相关联的无形资产，其中包括产品的品牌、长期的客户资源、客户的信任度、产品的销售渠道、专利授予的合同协议等。

二是知识产权资产，它是知识产权的汇总集合，其中包括版权作品、企业或产品商标、产品专利、工业品或产品的外观设计、企业的商业秘密等。知识产权资产不仅可以提升企业产品或服务的价值，还是企业利润提升的关键因素。从更广泛的经济意义上来说，知识产权资产也是人力资本的组成部分。

三是人力资产，其指的是企业的管理机制、企业的领导能力、处理问题能力、创造力、企业中的群体技能等隐性能力。

四是基础结构资产，其指的是企业自身运转的技术、工作方式以及工作程序。

在新经济时代中，知识资产在企业经营过程中的作用日益凸显，而企业的传统资产结构的局限性表现得也更加明显。因此，企业要想紧跟时代潮流，顺应社会发展，就必须遵照知识经济的要求来优化资产结构，为此企业要做到以下三点。

一是明确知识资产与传统金融资产之间的比例关系。在过去，企业传统的管理理念是把金融资产等显性资产作为企业的主要资产，并对其进行成本核算、资产统计以及资产管理；而在当下的知识经济体系中，知识资产发挥着越来越重要的作用。企业应当在维持既有的传统金融资产管理的前提下，将更多的精力放在知识资产的经营和管理上，并将财务管理的重心转移到对知识资产的统计、核算、分析以及评价上，以此来提高企业的核心竞争力。

二是明确知识资产证券化的种类和期限结构、非证券化知识资产的债务形式和权益形式，以及知识资产中人力资本的产权形式等。知识资产的证券化是指以企业知识资产未来所产生的现金收益为偿付手段，通过资本结构化的设计进行资产的信用增级，并以此为基础，发行知识资产支持证券的整个过程。企业可以通过知识资产的证券化来进行融资，把自身的知识资产进行即时变现，并将证券化获得的资金用于企业的持续发展，以进一步提高企业的综合实力。明确知识资产证券化的种类和期限结构有助于企业进一步掌握自身的资金状况，以便合理地使用和调配资金，发挥资金的最大效能。

三是明确传统金融资产内部之间的比例关系、层次和形式。

（五）加强企业成本费用管理

企业的成本费用计算通常按月进行。企业可以根据自身生产经营需要、生产管理的组织架构以及成本管理的要求，制定符合自身成本的计算方法。成本计算方法经过确认后，就不能轻易改变。企业应当严控企业各项成本费用的支出标准和支出范围，有效利用每一笔资金，合理分配企业各项成本和费用的使用，通过成本核算的方法降低成本。企业先要做好成本以及费用核算的基础工作，真实全面地记录原始数据，明确成本的责任划分，将资金的计量验收以及资金的收发凭证落实到制度上，实时监测产品动态和产品收发的变动情况，避免原材料的积压、毁损和短缺现象。企业应当定期进行成本数据分析，挖掘成本管理潜力，以降低资源与资金消耗。

（六）加强资产管理的内部会计控制

实物资产内部管理的主要工作包括实物资产的验收入库、使用发出、保管和处置。首先，企业应当对实物资产的管理建立严格精细的授权审批制度，制度应当明确审批人对企业实物资产管理的授权审批程序、权限、方式以及相关控制措施，规定经手人办理实物资产管理的工作要求以及职责要求。其次，企业的财务部门应当对所有实物资产的购置进行及时的入账管理，应当建立企业资产台账，对于固定资产和易耗损资产应当采用永续盘存的方式，随时反映资产的存储入库和收发情况，定期盘点实物资产，并与账面数据进行比较，检验是否出现短缺或者遗漏情况，同时查清其原因。再次，建立固定资产的维修管理制度，对于维修资金的申请和使用、维修工作流程的审批控制进行管理。最后，要建立一套完整的固定资产处置管理制度，对企业资产报废的审批、固定资产的评估以及会计账目管理等进行控制和管理。

（七）规范企业的预算编制工作

预算编制工作的进展直接影响企业各方面工作的开展，它是影响企业生产经营活动的重要因素，因此，要高度重视预算编制工作。首先，企业财务部门应当加强预算编制的事前调查、数据收集和取证，预算编制的数据基础必须具备真实性和有效性。其次，企业预算一旦编制完成，就不能随意进行更改或者调整，即使有必要进行调整或修改，也应当具有确凿的依据并且根据科学的程序设计进行。要加强预算对资产管理的权威性和约束性，增强各部门严格执行资产预算的意识。再次，要严格执行奖惩制度，凡有违法违规行为，必须按法规及制度规范进行严惩。预算编制的过程要秉持公平公正的中立立场，不能受人为因素的影响，始终保持客观严谨性。最后，预算项目要尽可能详细、充分、全面地进行记录，以求能够真实地反映企业各个部门的绩效水平；同时，真实且全面的预算数据也可以指导各个部门工作的顺利开展。

第三节　会计管理体制概述及实践创新路径

本节会计管理体制的创新路径包括会计管理体制的内涵、现有会计管理体制有待提升之处、会计管理模式实践创新路径三方面内容。

一、会计管理体制的内涵

（一）会计管理体制的含义

所谓会计管理体制，是指一个国家或地区在一定的时期内，根据自己所处的社会环境和经济发展状况，参与经济活动，对各项会计活动进行干预、控制、管理时做出的一系列机制和制度上的安排，并据此制定一系列的会计标准规范。其中有两点需要重点关注：一是会计管理体制是一个国家或地区根据自身所处的社会发展背景和发展情况来制定的，每个国家或地区所使用的会计管理体制都不尽相同，都带有自身国家或地域特点；二是会计管理体制所要解决的主要问题是如何干预、控制、管理和指导会计工作，它是一切会计工作开展和落实的依据。

（二）会计管理体制的内容

前文已经介绍了会计管理的基本定义，下文将从五个方面详细阐述会计管理体制的工作内容，如图7-3所示。

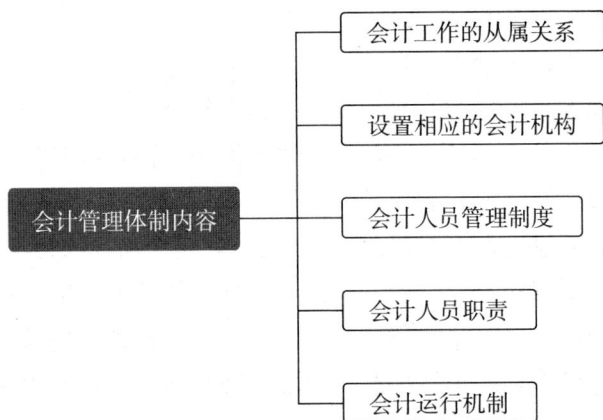

图7-3　会计管理体制内容示意图

1.会计工作的从属关系

企业的会计工作均由财政部门管理，并在各级财政部门之间实行"统一领导、分级管理"的原则。企业的会计工作都由国家宏观调控和相关政策引导，并按照各地会计管理的相关准则开展工作。企业的会计工作既要顺应国家发展战略，又要满足地方经济发展的需要。除此之外，还要根据企业自身情况和长远发展规划来进一步落实。

2.设置相应的会计机构

设置相应的会计机构，也就是所谓的会计制度的制定权限。企业会计工作的开展要在相应的会计机构中实施，设置专业的会计机构，也就赋予了会计机构相应的制定会计制度的权限。在允许的范围内，会计机构可以进行自主管理，对企业进行有效的会计核算，合理的会计监督，制定符合企业发展的各项会计政策以及会计制度，并参与企业各项计划的制订以及考核计划的落实情况。而不具备设置会计机构资质的企业，可以将企业的会计工作委托第三方会计中介机构进行代理记账。

3. 会计人员管理制度

对于会计人员的管理是会计工作的一项重要内容，管理缺失或不到位，再出色的人才也很难发挥出应有的能力。会计人员管理制度要规范会计从业人员的职业道德，保证其依照国家相关的法律法规从业工作。企业会计人员应当具备从事会计工作所需的业务技能和理论知识，可以独立处理基本以及复杂的会计事务。

4. 会计人员职责

会计人员的职责主要包括编制并严格执行财务预算和计划，遵守各项收入制度、费用开支的范围和标准，梳理资金的来源，合理且充分地使用资金，最终完成财务制定的目标。企业应当不断加强资产和现金的管理，及时做好结算工作，定期对阶段性的会计数据进行分析处理，并与企业的发展规划相比对，判断是否满足企业未来的发展规划以及企业的生产经营活动是否处在正确的发展道路上。在新经济时代背景下，会计人员不仅要对企业的有形资产和资金进行统计和核算，还应当注重企业无形的知识资产的核算和管理，甚至可以对能够产生价值的一切有形或无形的事物或人力进行核算以及管理。

5. 会计运行机制

会计运行机制是将会计工作中各项要素进行联结和有机结合，并在各要素之间自由地进行调节，各要素之间存在着很强的依存度。会计运行机制也可视为国家宏观政策与企业微观效益之间的联结器。在会计工作的实践中，会计运行机制可以使企业实现自主管理。

企业的资金能力，使企业成为一个独立的自负盈亏的经济实体。同时，可以把会计运行机制看作编制好的"代码程序"，在人为编制好之后，程序运行过程中，就不需要人为再进行干预。经过充分论证和完善的会计运行机制可以降低企业的人力成本和管理成本，从另一个角度来看，这也是在提高企业的生产经营效益。

（三）会计管理体制的特点及作用

会计管理体制的主要特点是动态性，其可以随着社会经济发展以及企业的长远规划和市场需求，而进行相应的调整和完善。也正是因为其具有的动态性，所以也就有了独特的自身特点，几乎没有两个完全相同的会计管理体制。

不同的环境会形成与之相适应的会计管理体制，环境发生变化，会计管理体制也随之发生应有的调整。这种动态性可以有效地适应当今社会不断变化的经济发展趋势，而能否快速地适应环境的变化，则要看各个企业自身的经营管理能力和状况。

会计管理体制可以使企业内部管理机制更为明显，健全和完善企业内部的监督管理机制，提高会计人员的综合素质，从而使企业的会计信息更为真实有效。完善的会计管理体制可以使会计人员的工作变得轻松便捷，会计工作标准更加明确。由于有了科学的方法和流程，会计工作更加专业化，在提高效率的同时，提升了会计工作的精准性。

二、现有会计管理体制有待提升之处

传统的会计管理体制有着双重性的特征，会计人员既是会计信息的管理者，是企业自身利益的维护者，又必须站在国家利益的立场上，实行监督的职能并保障国家的利益不受损害。当国家利益与企业利益发生冲突时，就只能依靠会计人员自身的职业素养与道德。这时，必须要有强有力的监督管理机制对其进行制约，而不可任由会计人员自行决定取舍。相关的会计管理体制应当尽可能列明会计从业人员的工作流程与工作准则，一方面，减少会计人员决策的时间成本、人力成本和物力成本；另一方面，对会计人员的工作行为进行统一的规范和指引，也能最大限度地避免人为因素给企业带来的负面影响和损失。还有的会计人员容易受人情因素影响，如对上级的意图一味地迎合，甚至按照企业领导的意图做出一些违反会计规范的事情。这不仅给相关的会计人员带来极其负面的影响，还会给相关领导以及企业自身造成无法挽回的损失。下面从三个方面来详细介绍会计管理体制有待提升的地方。

（一）会计信息失真

由于相关会计制度和机制有待进一步完善，企业会计主体的独立性较弱，因此，不能有效地抑制企业财务无序收支的乱象，造成国有资产以及企业资产的普遍流失现象。影响企业会计人员的因素较多，是否感情用事主要看会计从业人员自身的职业素养以及职业操守和专业性。所有措施实行的目的都是保证会计信息的真实性，这是一切会计工作内容的基础。没有会计信息的真实性保证，其他所有会计工作的意义也就无从谈起。

（二）会计监管不严

会计管理体制的顺利实施需要行之有效的监督管理机制，而其中仍然存在着一些不足之处，企业中会计监督的法律地位以及会计人员的执法地位还没有得到社会和企业内部的广泛认可，很多时候仍旧将会计人员视为企业所有者唯命是从的跟班，认为会计人员应该听从企业领导的单向指挥，而不是将会计部门看作一个独立的部门，认为其没有自主管理的权限。会计人员没有自主管理的权限，就没有制定相关制度的权力，从而不能保证会计信息的准确性以及客观性，也就不能有效地履行会计工作所赋予的职责。

（三）法律体系不完善

与会计管理体制相关的法律体系不完善表现在以下三个方面。

第一，缺乏对相关会计虚假信息具体认定的规定。会计管理体制相关的法律体系还有待完善，一些较为具体的条款还有待制定和出台。

第二，会计法律责任难以界定。在会计司法实践的过程中，一项虚假信息的披露，从原始数据到会计报表的公布，中间涉及诸多会计环节，所涉及的部门和人员也较多，如财务管理人员、公司监管机构、财务部门负责人，以及注册会计师、会计信息发布的媒介等。相关的法律法规可以进一步细化到每个环节所应该承担的责任，并将会计工作的内容进行精细化划分。这样，一旦出现虚假信息，能够及时明确到部门或个人，并明晰其所应承担的责任。

第三，会计人员专业素养偏低，缺乏责任心，原则意识较弱，这些因素直接降低了会计信息的质量。会计人员专业素质水平的高低直接影响了会计工作的质量。专业、责任心和原则性是会计人员应当具有的基本素质。

三、会计管理模式实践创新路径

会计管理体制的创新是一项复杂而又综合的系统工作，需要循序渐进、有条不紊地实行，它要经过由权力治理、人员治理到法规治理的过程。因此，下文将从三种制度来阐述会计管理模式的创新之处。

（一）会计委派制

会计委派制是国家以企业所有者的身份对企业行使管理职能，对国有企业或是事业单位的会计人员统一进行委派的一种会计管理体制。在这种管理体制下，各级政府设立相应的会计管理的专业机构，负责国有大中型企业（包含事业单位）会计人员的日常管理、任免、委派和调遣；会计人员可以从企业的日常管理中独立出来，作为政府的代表，对企业的生产经营活动进行系统、完整、综合以及真实的数据反映，以实施管理和监督；企业的领导层拥有企业完全的财产处置和管理权，对企业生产经营过程中的所有收入和支出的经济性、合理性、合法性以及效果性负有全部的受托责任。

会计委派制从编制上实现了会计的独立性，保证了会计信息的真实性与客观性，以此为基础，也就可以有效地避免国有资产的流失。

除此之外，其他企业也可以效仿这种会计委派制，由独立的第三方会计机构来对企业进行会计信息的管理。当然，这需要政府制定相应的会计工作法规，代表一种强制性，以这些条件为前提，会计工作在企业之中的独立性才能有所体现，才能客观地反映企业相关的会计数据，进行之后的一系列工作。

（二）财务总监制

财务总监制是国家以企业所有者的身份凭借其对国有企业或事业单位的绝对控股（或控制）地位，而向国有大中型企业直接派遣财务总监的一种会计管理体制。这种会计管理体制的创新，可以在新经济时代解决转型期会计工作无序化的问题。

首先，财务总监制行使管理和监督的权力，可以更好地利用其产权优势，发挥所有者的权力，行使监督管理的职责。通过财务总监的委派，国家对于企业生产经营的管理和监督可以更好地落实到位，解决企业内部自行管理不规范和财务监督不足的问题，在经济转型时期，有助于企业顺利地过渡，也更能体现和深化国家对于国有企业的所有权和经营权分离。站在企业的角度讲，通过此项制度，企业能够有效地借助外在监管来约束自身的经营发展行为，走向良性经营之道。

其次，财务总监制的会计管理体制既借鉴和吸收了总会计师和内部审计中的部分财务监督和管理职能，又弥补了总会计师在企业中管理和监督不到位的问题；不但避免了企业进行内部审计时出现的各种无效的审计工作，而且避免了企业监事会在监督管理上出现的滞后性，更避免了企业在财务管理上的收支无序的情况。

最后，相较于会计委派制来说，财务总监制在体制上的创新符合精简政府机构的原则，使制度在运作上可以减少成本开支，提高企业的经营效益。

而其他非国有企事业单位同样可以借鉴这一创新制度，通过第三方委派的财务总监，对企业财务上的相关事项进行独立的监管，保证企业财务数据的真实性和客观性，让企业更理性地根据自身的生产发展情况来制定相应的长远战略，帮助企业自身持续且良性经营，以应对日趋激烈的市场竞争。当然，这需要国家投入一定的资金以及人力支持，并进行相应的制度化建设，还要考虑企业自身发展的自主性，不能影响企业在产品和技术等方面的创新性。在财务总监制与企业发展的主动性之间寻求平衡点，既可以帮助企业规避传统会计管理存在的风险，也不能打击企业发展的积极性。

（三）稽查特派员制

稽查特派员制也可以称为总会计师制度下的稽查特派员制。在这种体制下，国家有关部门可以帮助国有大中型企业总会计师更好地构建组织架构以及落实职能，更好地开展总会计师的任免、管理、考核、培训以及赏罚等工作。此外，通过稽查特派员的派遣，国家可以对国有大中型企业更好地实行监督管理，推动企业的有序发展，更好地利用国家、社会以及企业资源。稽查特派员制的实施，对于国有大中型企业来说，可以帮助其更好地选择企业经营者，并形成一套有效的约束与激励机制。

其他非国有企业可以借鉴稽查特派员制度，由第三方公司或政府派驻到企业的稽查特派员，对企业会计管理工作进行定期的稽查和监督，以帮助企业更好地从事生产和经营活动。

第四节　财务管理创新与会计实践发展的融合

本节财务管理创新与会计实践发展的融合涉及两方面的内容，即财务管理与会计实践发展的不足之处和财务管理与会计工作的实践创新路径。

一、财务管理与会计实践发展的不足之处

（一）财务管理体制不健全，财务预算有失精准

企业财务方面的发展意识不足，致使相关体制不健全，资金预算上存在不足，容易出现漫无目的的投资。也就是在不做任何市场调查的情况下，就投入生产，不做资金使用的预算工作；或是虽然做了相应的预算工作，但工作做得不精细，得出的结果没有参考价值。

（二）缺乏严格且有效的监督及管理体制

通常企业的规模越庞大，其组织的层级和结构就越复杂，内部部门间的协调与沟通就越困难。有时，各个部门的职能划分不明确，企业的资源或资金不能充分利用，因此，财务预算也无法制定，监督工作也就没有着力点，为日后

的审计工作带来麻烦。尤其是涉及大体量资金的投资项目或是大额的支出，企业财务一旦把控不严，就很有可能造成重大的损失。

（三）资金利用率低且分散

有的企业资金收支缺乏整体的统筹安排，使资金的使用变得混乱无序，出现乱收乱支的现象；还有的企业将生产发展资金用作其他无关领域的投资，致使企业资金被无端滥用，收益得不到保障，同时影响企业的生产经营活动。

（四）企业不合理利润分配

有些企业由于自身组织庞大，组织结构不合理，各部门的职能没有明确划分，如何进行权力的集中和分配，以及何时将权力集中，何时将权力分散，都没有合理安排，从而致使组织结构松散，权力过于分化或过于集中。在这种情况下，企业的精力和资源容易发生空耗，管理效率低下，管理成本上升，产生的收益率也会下降。

（五）财务和会计人员的业务和服务水平不足

企业财会人员整体素质不高，将会制约企业的稳定生产，企业高技术人才的匮乏也影响企业的高质量发展。财务及会计人员同样需要高技能人才，从而为企业实现信息化建设提供人才支持。在这一前提下，企业的财务管理能力才能得到进一步提升。

二、财务管理与会计工作的实践创新路径

（一）理念创新

1. 知识化财务管理理念

在知识经济时代，知识在企业财务管理中的重要性日益凸显，知识可以通过信息来获取。在财务管理与会计实践过程中，信息掌握的多少直接影响着财务管理成效的大小。与此同时，并不是有了知识就代表已经掌握了知识，如何将知识与实践相结合，把知识的作用充分发挥出来，也是一名财务工作人员所要解决的问题。知识、财务管理的方法、会计核算的计算公式，这些都只是解决问题的工具，财务管理人员以及会计工作人员应当利用这些工具，在管理好企业资金的前提下，实现企业利润的最大化。

2. 以人为本财务管理的理念

在财务管理工作中，人才发挥着决定性的作用，人才培养是财务管理工作始终保持可持续发展的根本前提。在人才培养道路中，激发人才发展的主动性是关键中的关键，激励是保持创新性的重要策略。众所周知，创新是民族

发展和社会进步的灵魂，各个领域的发展都离不开创新，人才培养道路更需要创新，财务管理与会计工作人才培养依然要将创新视为重中之重，激励也必须凸显出创新性。毋庸置疑的是，一名出色的财务人员能够面对各种形势临危不惧，能够将企业风险降到最低，甚至能够帮助企业避免一切潜在的风险，确保企业在发展道路中有充足的资金作为发展的保证。对此，有效激励一名财务人员最终踏入优秀的行列，显然要有完善的激励制度，进而方可充分调动其积极性并主动参与日常工作，为实现专业技能和能力的自主化发展提供助力，为企业实现利益与价值最大化提供有力的帮助。

3. 财务管理信息化理念

在当今社会发展中，信息化已经深入人心，在各个领域发挥着巨大的作用。在企业财务管理过程中，信息化的作用同样不可替代，提高了管理的效率和准确性，信息化帮助企业减少人力、物力、财务成本，形成了一套标准化的管理制度。信息化以信息为媒介，财务管理工作中的一切工作内容都是围绕信息来展开的，不管是信息的收集、汇总、统计，还是信息的分析、处理、评价，甚至是财务报表和会计报表的编制等，都离不开信息。虽然从表面上看只是针对信息做一系列的处理，但实际上，信息包含着丰富的内容，涉及企业生产经营方方面面的数据，一切量化的数据。或是通过一些评价方法可以转化为量化的数据，都属于信息的范畴。信息化不只体现在数据的准确性和高效性，还可以指导企业决策者进行管理创新，确定企业未来的发展方向，帮助企业进行制度创新等。在财务管理信息化的带动下，企业内部其他部门也可以进行信息化管理，将日常的工作内容数据化和指标化，通过信息化技术加以处理和分析，对历史数据进行汇总，预测未来的发展方向等。

4. 企业结构化财务管理理念

对于企业日常生产管理中的资金，过度盈余或是短缺都是不正常的现象，也都不利于企业资金的充分利用。当资金短缺时，企业应当采取短期或是中长期融资方式，缓解或弥补企业的资金缺口；当资金盈余时，企业应当根据盈余资金的时间以及数量，选择合适的投资渠道和对应的投资方式，或是用组合投资的方式，让企业的盈余资金最大限度地产生收益。需要特别注意的是，企业在利用盈余资金进行投资时，应当充分考虑企业自身资金的安全性，资金的使用要以企业自身的生产发展为主。

（二）目标创新

1.综合财务管理与会计工作目标

一家企业的生存与发展不只是表面上的以利益最大化为最终目标，也要考虑企业价值的体现和社会价值的贡献。因此，企业的日常工作和生产发展都是一项艰难、复杂且综合性极强的工作。这就要求企业的财务管理部门和从事会计工作的相关人员进行有效的协作，以处理和解决复杂而繁多的工作。财务和会计管理人员所制定的工作目标也需要综合化，将技术、能力、知识、制度以及流程等加以综合，相同或相似流程的工作可以进行合并和归类。可以制定整体工作目标或制订工作计划，统筹各方人员，把同类的工作进行合并，把复杂的工作加以简化，以提高工作效率，降低管理成本。

2.企业利益多元化目标

企业不仅要考虑自身资产和资金的持续增值，还要考虑企业投资者和所有者的利益，保证其投资的资金实现增值。不管企业的所有者为国家、企事业单位、团体还是个人，企业都要充分考虑其各方利益。但归根结底，企业的最终目标还是企业自身的利益最大化，企业只有不断增加收入，增长利润，所上缴国家的税收才会增长，企业的投资者也才会拿到更多的投资回报。

3.强化社会责任和企业无形价值

上文提及企业的生存发展，不只是为了追求利益的最大化，也不只是为了企业自身更好更快地发展，还应当考虑企业价值、企业责任、社会责任等问题，这也是企业发展的方向。毕竟一家企业并非独立存在，企业时刻都与企业内部的职工、外界社会、其他企业或组织等发生着联系，企业只是这个大环境中的一部分，在共同营造的社会环境中，企业也应当承担相应的职责。及时足额缴税是企业的社会责任中一项最基本的行为。

（三）内容创新

1.融资管理创新

社会的发展和技术的进步，对企业的发展也提出了更高的要求。企业的融资管理不能只局限于传统的筹资方式，也不能只局限于资金的筹集，另外，知识资本的筹集也应当作为企业筹资管理侧重的方面和领域。

2.投资管理创新

当今世界，社会发展和技术进步日新月异，社会对知识的诉求不断提高，与此同时，企业对知识资本的青睐也与日俱增。人们投资不再只局限于高耗能或重资产等传统行业，而是将更多的目光投入新兴科技领域，如新能源、新基建、新技术、生物医药、电子科技等新兴产业。拥有高附加值的企业和知识型企业，受到越来越多的投资者的追捧，作为投资者的企业必须改变固有的思维模式，从多维视角来审视投资方向，紧跟时代和科技的发展步伐，不断更新知识结构，不断进行组织管理创新，借助新知识与新技术的"东风"，实现企业价值和收益的最大化。

3. 无形资产投资管理创新

过去传统的投资模式主要侧重于有形资产，如对固定资产和有形项目的投资等，进入知识经济时代后，知识、品牌、价值、竞争力等无形的资产已逐渐引起投资者重视，而对于无形资产的投资管理还有待完善，对无形资产的评估也需要科学的方法和手段，这就需要加强相关的人才队伍建设，建立和完善相关投资管理制度。同时，企业还要敢于在实践中进行探索和创新，在问题和困难面前，要善于寻找有效且简捷的方法。只有不断地学习、尝试、总结，才能更自如地应对挑战，在竞争中胜出。

4. 加强风险管理

企业的风险管理是财务管理中一项最为关键的环节，其把控着企业资金使用的安全性。风险管理涉及企业的投资、筹资、成本等方面，企业若对生产经营中的各项风险失去管控和管理，则将导致企业蒙受巨大损失。即使企业在其他方面做得再出色，也都很难弥补风险所带来的亏空。

作为企业财务管理工作的核心，风险管理的受重视程度日益凸显，加之社会大环境和金融市场的变化不断加快，风险管理所承担的任务也愈加艰巨。企业的财务管理人员只有不断提高自身专业水平，及时获取相关政策和市场变动的信息，并进行科学合理的分析和预判，才有可能在不确定的环境中生存下去，将风险降到最低。企业在进行风险管理时，必须要具备预判意识，先要将收集到的相关风险信息进行汇总和分析，做出初步判断，然后根据现有信息以及历史数据，判断未来发展趋势，提前做好风险防范的准备工作，最大限度地降低风险发生的概率。随着时间的推移，财务部门还要根据数据的变化，随时对预判结果进行更新，实现分析的动态调整、信息的动态发布，避免"刻舟求剑"现象的出现，不应受限于固定不变的数据信息，而要做到在变化中调整，在调整中不断发展，以规避各项风险的发生。

第五节　新经济时代财会工作实践面临的挑战

新经济时代财会工作面临的挑战包含四个方面，其中有国际化复合型会计人才的挑战、市场化的挑战、信息化的挑战以及诚信的挑战，下文将详细进行阐述。

一、面对国际化复合型会计人才的挑战

当今世界的经济全球化趋势日益显著，资本、交易、生产等经济活动和生产原材料都不只局限于一个国家和地区，企业的会计人员必须敢于接受世界范围的流通和配置所带来的挑战，同时要抓住全球化带来的机遇，其中包括全球化的会计人才、会计理论研究以及会计师事务所等国际化带来的问题。

国际化复合型会计人才是企业融入全球化经济战略的重要基础。国际化复合型人才应该掌握国际通用的会计审计标准，了解国际贸易和商务规则，能为企业提供会计审计服务，帮助企业进行国际资本运作、组织改革管理、政策制定、相关会计事项的咨询，以及在企业的国际战略上提供专业的服务等。会计市场的人才虽然众多，但具有国际化视野、熟练掌握会计准则要求的，又能灵活解决国际化问题的，并能开创性地开展会计工作的人才极度匮乏[1]。

二、面对市场化的挑战

未来企业的财务报告中有可能出现大量的非财务信息，如果会计人员不能及时对客户的信息需求做出反应，有可能会出现被动的局面。这就要求会计工作人员转变思想观念，时刻保持创新意识。

现代化的企业对企业财会人员提出了新的要求，要求会计不仅要从企业的资本运作、风险管理、成本管理以及公司治理等多个角度制定解决方案，还应当主动挖掘市场潜力，不断提高会计服务的敏感性与主动性，为客户提供全面而真实的信息。

会计人员也不应局限于自身行业，应当时不时地跳出会计范畴，站在旁观者的角度，或是站在投资者以及管理者的角度看待会计工作。这样可以调整会计工作的思路，让会计工作的语言变得更加通俗易懂，以方便彼此之间的交流。

---

[1]　张妙凌.会计人才培养与实践性教学研究[M].成都：电子科技大学出版社，2015：117.

研究并分析会计信息同经营风险和市场整体运行之间的内在联系，设计一套会计指数体系，并进行数据收集以及数据分析，将会计与统计统一起来，对各行业和全产业链上下游的会计信息进行全面深入的分析与判断，对市场整体运行状况起到评价、引导、预警作用。此法不但可以在一定程度上提高会计信息的认可度，而且可以提高会计工作在企业生产经营中的地位和影响力。

三、面对信息化的挑战

（一）企业财务管理信息化建设中的常见问题

1. 对财务管理信息化重要性的认识不足

企业在发展初期，通常所需人数较少，企业的生产管理工作也较为简单，但随着企业的不断发展，企业的管理工作日益复杂，财务管理工作也会不断地深入和细化，企业生产经营的相关财务数据也会越来越庞大，财务管理人员需要处理大量企业信息数据，工作量逐渐增多[1]。传统的财会工作有时需要财务人员手工处理一些数据信息，如账簿信息与书面信息。这种方式不但需要花费较长的时间，而且在数据量大、业务复杂的情况下，数据的真实性得不到保证。传统的通过手工进行信息处理的方式已经不能满足新经济时代企业发展的需要，因此，应当建立一套现代化的企业信息化管理体系，以提高企业的财务管理能力及效率。许多企业在进行财务信息化管理的时候，企业领导层对此缺乏足够的重视，企业各个部门也并没有对信息化管理形成全面认识。企业要想谋求自身的更好更快发展，就必须进行全面、系统的信息化建设，并将信息化管理放在企业管理工作的核心位置，只有这样，企业才能真正实现现代化管理。

2. 信息真实性不足

在现代企业的管理中，信息管理是其中重要的工作内容，真实客观的数据是企业进行科学决策的依据。在企业的经营管理中，资金的使用和收益以及资产的利用情况等都要以真实可靠的信息为依据。如今，许多企业都存在信息失真、缺乏客观性等问题，并且在收集财务数据时，缺乏对数据的深入挖掘和分析，导致企业信息缺乏透明度，信息不对称，不能进行信息的统一汇总。企业应当采用统一的数据处理软件，以保证信息的一致性，提高信息的整合度和使用率。企业的信息化管理可以有效地实现企业财务对资金的控制，为企业的长远发展提供有效的数据支持。

---

[1]　胡娜.现代企业财务管理与金融创新研究[M].长春：吉林人民出版社，2020：106.

3. 会计流程缺失

传统的会计流程是把收集来的企业数据存储到信息系统中，这就很难反映企业经营状况的真实性，信息传递的时效性也较弱，容易造成会计信息的滞后，降低信息之间的关联性，致使企业无法真正地对资金进行管理与监督。随着信息技术的发展与应用，一些企业将信息技术融入企业会计信息管理中，但由于传统财务会计结构存在局限性，因此，信息技术得不到充分的发挥和使用，没有相应的财务会计流程与之相配合，导致会计流程的缺失。

4. 财务信息管理人才不足

企业在财务管理方面的人才储备不足，有的企业对人才的重视程度不够，有的企业虽然重视人才的引进，却没有与之相适合的招揽人才的方案，不能真正招到有能力的人才。大部分企业还存在家族式的管理模式，企业内部人员的素质并不高，财务管理人员的学历也较低，自然也就更缺乏专业能力，不能满足现代企业管理的需要。

5. 企业管理人员重视不足

在新经济时代中，企业的长足发展需要完善的信息化管理系统。但配置一套这样的系统，其整体的工程量巨大，所涉及的领域和范围也较广，其中包括企业的管理模式、资金运作方式、生产组织形式以及管理理念等。这样一个巨大的系统工程，需要企业的领导层高度重视，并协调和调用相关管理人员。只有在企业管理层的重视以及各部门之间的配合下，财务信息化管理工作才能顺利开展。

（二）企业财务管理信息化建设存在问题的原因

企业在财务管理信息化建设时产生的问题，其原因通常不是由一个因素造成的，而是由很多因素共同造成的，其中既有主观原因，也有客观原因。

1. 对企业财务管理信息化建设的认识不到位

建立财务管理信息化系统是一项工作量很大的工作，其中包括企业管理模式、资金运作方式、企业组织架构以及管理理念等方面的变革。在实际的经营管理中，有些企业的管理者安于现状，缺乏创新意识；有些企业的领导者只顾企业的眼前利益，缺乏长远的战略规划，也很少考虑企业发展壮大的问题；有的企业的决策层对财务管理信息化的认识不深入，只做表面上的应付，这样使得财务管理的信息化难以实行。

2. 消极防范安全问题，导致资源闲置浪费

安全问题是财务管理信息化的重要内容。企业在进行信息化管理的过程

中，应当防范企业信息被窃取、篡改和泄密等事件的发生，但也不要因为担心存在信息安全的风险，而因噎废食地不再实行信息化管理。有些企业不会灵活运用信息化的管理方式，容易走极端，排斥信息化管理，根本不愿进行管理创新，不接受新鲜事物；有些企业一味地使用信息化管理方式，重大事项也通过信息化的方式解决，虽然这并不是绝对的不好，但面对面直接沟通和传达信息是一种最直接和最有效的方式，也是一种解决信息安全的有效措施。

企业应当采取一些有力的措施来防范这类安全问题，但通常企业或部门只会利用封、停、堵等方式，治标不治本，没有其他更为有效的措施。另外，有些企业为了达到信息安全的标准，不注重工作实效，也会影响财会人员使用网络的积极性。

3. 管理软件版本老旧，难以满足财务管理工作需求

企业要想建立起一套完整且能有效发挥作用的信息化管理系统，就必须以与之相适应的财务管理软件作为技术支撑。当前，国内缺乏能够自己开发适合本企业财务管理需要的软件的专业人才，而国外大公司开发的软件不但价格昂贵，而且通常不符合国内企业自身的需要。

4. 财会人员应用技能水平较低，运行与安全难以保障

财务管理的信息化是财务管理科学发展中的新领域，它要求财会人员要同时掌握计算机网络知识以及财会知识。目前，很多企业的财会人员所掌握的网络知识有限，一部分财会人员虽然了解一些网络技术的知识，但属于基础的计算机操作的简单知识，对网络技术的使用还处于初级水平，这导致网络的安全运行没有充分的保障。一旦网站被进攻或是被非法入侵，轻者可能会让正常的工作停滞，严重的话，可能会产生企业的商业机密被泄露的风险。

5. 责权不明晰，维护管理跟不上

对企业财务管理信息化系统的管理，应由多方共同进行，如通信与企业信息化相关部门、各级行政主管部门、业务的主管领导、保密委员会和保卫部门等。在管理方面，检查的领导谁说了都算，但财务管理信息化系统的维护谁都不管，网络维护管理工作异常艰难。通常来说，财务管理信息化系统构建只有人力、物力和财力的投入，而没有任何的表面收益，这会让只重眼前利益的企业消极对待。在日常的财会工作中，软件的开发、硬件设备的更新换代，网络、线路和机房等的维护，都需要企业投入大量的资金，而这些资金通常不会纳入企业日常预算项目。就像失去水分的植物不能健康生长一样，没有资金支持的财务信息化管理系统，也无法得到应用和发展。

四、面对诚信的挑战

诚信是会计行业的核心，是会计行业的灵魂所在，会计工作的诚信也是整个市场经济健康运行的基础。随着国内市场经济的发展，市场化程度逐步提高，市场交易更加复杂，因此，各方因素对会计工作的诚信有了更高的要求。

每一次诚信危机后，都会有新的会计制度来进一步规范会计师的诚信问题，但无论何种制度的制定，都没有提高公众的信心重要。在新的经济环境下，公众的信心一旦丧失，企业可能要通过很长的时间才能重新建立，这甚至会影响企业在未来的发展。现在国内经济遇到各种挑战，法制建设也有待完善，一些经济制度以及体制有待改进，会计工作人员在面对利益诱惑时，可能会面临诚信原则的挑战。因此，提高会计人员的道德素养，准确把握各项审计和会计准则，坚持会计判断的专业性至关重要。

随着国内经济改革的不断深化以及市场经济的不断发展，未来会计工作将会有更大的发展空间，会计人员也将面临信息技术现代化以及经济全球化带来的挑战。为了更好地应对挑战，会计人员要以科学发展观为指引，不断创新、不断应对变化与不确定性，使会计行业更具竞争力与活力。

第六节　新经济时代财会工作实践创新发展路径

对于企业财务和会计人员的管理体制构建，应当遵循一项基本原则，即"人"与"事"区别管理，也就是企业对财会人员的职业技能的资格认定管理和人事任免管理应当分开，应当建立一个综合且权威的全国会计机构，或成立一个总会计师协会。下文将从五个方面详细阐述新经济时代财会工作创新发展路径。

一、对财会工作人员职业任免统一管理，实行"人""事"分管

总会计师协会负责会计整体工作的协调与管理，分会设在本地区的会计事务所。所有会计人员都归会计事务所管理，事务所对所有会计人员进行登记。企业需要会计人员时，也可从会计事务所选取。企业一旦选定会计人员，则与会计人员签订合同。会计事务所可与会计人员商讨薪酬待遇以及工作要求。各会计事务所为了争夺客户以及人才，都会尽可能地招揽优质企业客户以及专业

能力较强的会计工作人员，这些会计事务所需要这些专业能力较强的会计人员来提高自己的知名度，以给自身带来更高的收益；反过来看，优秀的会计人员也会选择知名的会计事务所，以拿到更高的收入并提升个人的身价。因此，就达成了双赢，在会计人员的素质竞相提升的同时，会计事务所的声誉也会提高。

二、改变现有会计人员从业资格考试和职业技能认证体制

会计工作是一项复杂且综合性很强的工作，企业内部的会计人员必须持证上岗。我国现行的会计资格考试分为两类：一是在企业中从事会计工作的相关人员要参加职称考试；二是在会计事务所从事审计工作的相关人员要参加执业资格考试。这两套考试系统之间没有关联性，相互之间也没有替代性。

在本书中，我们将现行的会计职称考试与会计师执业资格考试进行合并，统一为会计从业人员职业技能考试，分为三个等级。通过第一等级考试的会计人员，可以为其颁发"初级会计资格证书"。拥有该证书的会计人员可以从事与"薄记"相关的工作，也就是企业会计人员从事的基本会计工作；通过第二级考试的会计人员，可以为其颁发"中级会计资格证书"。拥有该证书的会计人员既可以从事初级会计所从事的基本会计工作，也可以从事企业的财务工作；通过第三级考试的会计人员，可以为其颁发"高级会计资格证书"。拥有该证书的会计人员既可以从事前两级会计人员所从事的会计工作，也可以从事注册会计的咨询和审计的工作。

综上所述，会计等级高的会计人员可以从事会计等级低的会计工作，反过来则不可。会计人员的等级与其工资福利直接挂钩，等级越高，会计人员的工资福利也就越好。如此一来，会计的等级越高，则其工作所能涉及的范围也就会越大，其所获得的经济利益与社会地位也就越高。因而，此法既可以提高会计工作的质量，又可以促使相关会计人员不断地、主动地提升自己。

三、完善会计人员持续教育管理体系

企业的会计工作一直都处在一个动态的、不断变化的环境中，会计知识更新迭代的速度与社会发展的步伐紧密相连。因此，会计工作人员应当随时保持学习的积极性，不断地了解新的与会计相关的信息和资讯，随时掌握国家发展的战略以及政策，以及相关法律的最新调整情况。只有保持与国家和社会同步发展，才能把握最新的行业动态，才能更好地开展会计工作，并让会计工作的目标更准确、工作更高效。

企业会计人员的持续教育管理应当由财政部制定政策方向，由总会计协会统一指挥，各地的分会进行协作指导，本地区的会计事务所落地执行。会计人员的等级不同，个人专业素养的差异巨大，因此，需要持续教育的内容和时间也均不相同，各地应当根据当地情况进行灵活安排。但总的前提是，一切措施的执行都必须按照总会计师协会的要求进行。

四、完善财会管理体系的积极影响

在以上三项措施落实到位的情况下，能够建立起一个系统、完整和高效的财会管理体系，其所带来的积极影响有以下几方面。

（1）岗位职责更加清晰，管理更加高效。

（2）各个会计师事务所之间形成相互监督和相互竞争的良好氛围，便于营造合法、公平和有序的执法环境。

（3）将会计人员与企业自身利益区分开，这就保证了会计信息的真实性和准确性。

（4）有利于对会计人员进行统一化管理，保障会计人员的自身利益。

（5）能够充分发挥"自主"管理的效用，同时提高财务管理的效率和质量。

（6）减轻会计人员的考试负担，企业会计与公共会计进行统一管理，便于会计人员在职场上的沟通和流动，使会计人员的综合素质得到进一步的提高。

五、构建创新型财会人员管理体系的注意事项

在这样一个体系中，经过一段时间后，会形成相对固化的组织架构，并形成一个较大的利益集团，这有可能会产生会计行业垄断的现象，进而损害企业的利益。但比起企业会计信息真实性的缺乏以及违规行为的存在，这样的负面影响还较小。与此同时，建立这样一种财会人员的管理体系，还需要注意以下几条事项。

第一，会计人员从事会计的基础工作，应当进一步实现较为完善的规范化作业，通过制定相应的会计准则，并让准则具备更强的可操作性，将会计的流程和工作进一步规范化，使其具有统一的标准，具有可跟踪性、可复制性、易衡量性，像大规模工厂化生产的流水线产品一样。降低人为因素在会计工作中产生的负面影响，减少会计核算中的不确定性因素，使会计报表的编制、分析和评估变成一套标准化的易操作的事项。

第二，有关部门还要制定相关的反行业垄断的法规政策。随着经济的不断

发展，会计从业人员的规模也会随之不断发展壮大。正如上文所说，逐渐形成的利益群体可能对整个市场造成影响。因此，有关部门应当制定相关的法规政策，以规范会计从业人员的行为，并配之以行之有效的管理措施，将有可能产生不良后果的苗条扼杀在摇篮里。

企业可以将传统的会计管理方式与信息化管理结合起来，一些重要事项需要面对面地进行汇报，有一些事项通过网上办公就可以很好地解决，要灵活利用信息化管理方式，充分发挥每种方式自身的优势。

参考文献

[1] 邹娅玲，肖梅峻. 财务管理 [M]. 重庆：重庆大学出版社，2021.

[2] 段顺玲，李灿芳. 财务管理 [M]. 北京：北京理工大学出版社，2020.

[3] 詹泽雄，吴宗法. 多视角行为投资管理研究 [M]. 上海：同济大学出版社，
2019.

[4] 李仉辉. 创业投资管理 [M]. 上海：立信会计出版社，2016.

[5] 张晓华. 税务稽查与税务风险管理研究 [M]. 北京：中国商务出版社，2019.

[6] 张源. 税务管理教学案例 [M]. 广州：华南理工大学出版社，2018.

[7] 国家税务总局财务管理司. 税务系统财务管理规范 [M]. 北京：中国税务出版
社，2019.

[8] 林权，曾艳. 税务会计 [M]. 北京：对外经济贸易大学出版社，2018.

[9] 盛强，黄世洁，黄春蓉. 财务会计 [M]. 北京：北京理工大学出版社，2019.

[10] 李迪，张琳. 财务会计 [M]. 北京：国家行政学院出版社，2019.

[11] 李华，安娜，孙博. 财务会计 [M]. 沈阳：东北财经大学出版社，2018.

[12] 潘飞. 成本管理 [M]. 上海：上海财经大学出版社，2017.

[13] 王竹泉，孙莹. 营运资金管理 [M]. 北京：中国财政经济出版社，2017.

[14] 吴晶晶. 企业营运资金管理问题研究 [M]. 延吉：延边大学出版社，2017.

[15] 康莉霞. 金字塔股权结构、公司治理与营运资金管理 [M]. 延吉：延边大学出
版社，2018.

[16] 李秀美. 财会基础 [M]. 成都：电子科技大学出版社，2017.

[17] 仲之祥，向增光，王太林，等. 财会综合实训教程 [M]. 西安：西安电子科学
技术大学出版社，2018.

[18] 丁元霖. 物流企业会计 [M].4 版. 上海：立信会计出版社，2019.

[19] 陈建宁，黄刚. 小微企业财务会计实务 [M]. 北京：北京理工大学出版社，
2016.

[20] 黄春梅，尹群，黄筱. 行业会计 [M]. 北京：首都经济贸易大学出版社，2021.

[21] 崔国萍．成本管理会计 [M].5 版．北京：机械工业出版社，2021.

[22] 王红珠．管理会计 [M]．北京：北京科瀚伟业教育科学技术有限公司，2021.

[23] 胡椰青，田亚会，马悦．企业财务管理能力培养与集团财务管控研究 [M]．长春：吉林文史出版社，2021.

[24] 刘庆华．500 强财务高管的管理实践 [M]．北京：中国铁道出版社有限公司，2021.

[25] 全国会计专业技术资格考试辅导研究院编写组．财务管理 [M]．上海：立信会计出版社，2021.

[26] 艾洪娟，陆红霞，吉文丽，等．财务管理（微课版）[M]．北京：清华大学出版社，2021.

[27] 荀照杰．项目投资与企业管理 [M]．北京：中国经济出版社，2021.

[28] 简建辉．公司财务管理 [M]．北京：清华大学出版社，2021.

[29] 邓金娥，石娟，谢小文．财务管理 [M]．北京：电子工业出版社，2021.

[30] 张英明．财务管理模拟实验教程 [M]．北京：北京大学出版社，2021.

[31] 蒋敏周，汪丹．财务管理概论 [M]．北京：清华大学出版社，2021.

[32] 鲍新中，徐鲲．财务管理案例教程 [M]．北京：清华大学出版社，2021.

[33] 敬芙蓉．高新技术企业财务管理的特点及应用 [J]．中国中小企业，2021(12)：159-161.

[34] 张艳红，解艳霞．财务管理教学内容改革探讨——以筹资管理为例 [J]．营销界，2021(34)：88-89.

[35] 陈述．云会计下企业筹资管理对策研究 [J]．营销界，2021(29)：16-17.

[36] 陈单凤．浅析中小企业财务管理的问题及对策 [J]．纳税，2021，15(18)：47-48.

[37] 范红．财务管理筹资方式比较探究 [J]．财会学习，2021(8)：53-54.

[38] 姜雅楠．大数据时代下会计信息化的风险因素及防范措施 [J]．办公自动化，2022，27(4)：53-55.

[39] 许金叶．管理会计原则：性质、目的、行为 [J]．财会月刊，2022(4)：69-75.

[40] 艾文清．企业会计核算规范化管理措施探讨 [J]．产业与科技论坛，2022，21(3)：208-209.

[41] 胡佳睿．管理会计背景下财务报表分析报告的分析 [J]．中国市场，2022(3)：175-176.

[42] 李宁，张楠．基于管理会计的企业管理控制模式创新探讨 [J]．现代商业，2022(3)：150-152.

[43] 叶蕾，朱媛婷 . 物联网环境下会计信息化建设的有效方法 [J]. 现代商业，2022(3)：156–158.

[44] 彭晓燕 . 企业财务会计中的集中核算问题及措施分析 [J]. 现代商业，2022(3)：190–192.

[45] 赵佳 . R 养老地产筹资风险管理研究 [D]. 西安：西安科技大学，2020.

[46] 翟建平 . 安泰集团股份公司筹资风险管理研究 [D]. 大庆：黑龙江八一农垦大学，2020.

[47] 李福宁 . Y 公司财务管理问题及对策研究 [D]. 大庆：东北石油大学，2019.

[48] 贾辉 . 国际投资环境保护之国家责任研究 [D]. 北京：中国政法大学，2021.

[49] 朱玮玮 . 中国对外直接投资的政策效应和制度因素研究 [D]. 南京：东南大学，2020.

[50] 马鸣 . 两类投资组合管理问题和鞅方法 [D]. 北京：清华大学，2019.

[51] 吴晶晶 . 业财融合下的财务管理问题研究 [D]. 北京：首都经济贸易大学，2018.

[52] 王俊红 . 企业财务管理信息系统的设计与实现 [D]. 长春：吉林大学，2015.

[53] 郑谦 . 电子商务背景下企业财务管理模式的构建 [D]. 北京：中国财政科学研究院，2015.

[54] 崔颖 . 大数据时代下的财务管理创新 [D]. 长春：吉林财经大学，2015.

[55] 张明远 . 企业集团财务管理问题研究 [D]. 武汉：华中师范大学，2015.

[56] 杨修 . 我国电子商务企业财务管理模式形成机理研究 [D]. 长春：吉林大学，2014.

[57] 张飞腾 . 小微企业的财务管理问题及对策 [D]. 济南：山东师范大学，2014.

[58] 钱玲玲 . 电子商务环境下的财务管理研究 [D]. 武汉：华中师范大学，2014.

[59] 刘蕊 . 中小企业财务管理信息系统的设计与实现 [D]. 厦门：厦门大学，2014.

[60] 张茜 . 内部控制环境要素对会计信息质量的影响研究 [D]. 太原：山西财经大学，2015.

[61] 姬燕燕 . 论大数据时代对会计和审计的影响 [D]. 北京：对外经济贸易大学，2015.

[62] 李鑫 . 中国上市公司会计信息质量研究 [D]. 济南：山东大学，2014.

[63] 林莉莉 . 我国中小企业会计信息化的云计算应用模式研究 [D]. 北京：中国财政科学研究院，2014.

[64] 洪方圆 . 新三板会计信息披露研究 [D]. 北京：中国财政科学研究院，2014.

[65] 黄曼远.浅析管理会计与财务会计的融合 [D].北京：中国财政科学研究院，2014.

[66] 赵安.营改增对企业财务和会计的影响及对策研究 [D].济南：山东财经大学，2014.

[67] 田俊丽.管理会计工具在 A 企业成本控制中的应用研究 [D].北京：首都经济贸易大学，2014.